책을
씹어먹는
기술

책을 씹어먹는 기술
만화로 웃고, AI랑 토론하고, 실력까지 늘어나는 독서법

책임 프로듀서 김수영
펴낸곳 포춘쿠키출판국
출판일 2025년 9월 15일
주소 경기도 고양시 덕양구 삼원로63 F208
전화 02-777-7300
사업자 105-87-29720
정가 15,000원

ISBN 979-11-994192-1-6

Published by Fortune Cookie Co.,Ltd.
Copyright © 2025 Fortune Cookie Co.,Ltd.

이 책은 저작권법에 의해 보호를 받는 저작물이므로 무단 전재와 복제를 금합니다. 또한 저작권자와 (주)포춘쿠키의 허락없이 이 책의 일부 또는 전부를 어떠한 형태로든 영리를 목적으로 이용하는 것을 금합니다.

책을 씹어먹는 기술

책임 프로듀서 김수영

포춘쿠키출판국

> 들어가며

책을 프로듀싱하다

인공지능의 발전은 이제 단순한 기술적 진보를 넘어 창작의 영역에까지 발을 들여놓았습니다. 비록 인간의 깊은 경험과 통찰이 빚어내는 예술적 감동의 경지에는 아직 미치지 못할지라도, 그 기능적·기술적 성취는 충분히 경탄할 만합니다.

앞으로 우리는 인간과 인공지능이 협력하여 탁월한 결과를 창조해내는 장면을 무수히 목격하게 될 것입니다. 인간이 탐구할 방향을 제시하고 예술적 직관으로 골격을 구축하면, 인공지능은 숙련된 조수처럼 그 사이를 정교하게 채워나갑니다. 이러한 협업의 방식은 모든 분야에서 일반화될 것이며, 저술 영역 또한 예외가 아닙니다.

그러나 많은 이들이 아직 이러한 방식에 낯설어하며 거부감을 드러내는 것도 사실입니다.

책을 만드는 과정에서 인간이 목적과 방향을 설정하고 서사의 전개 과정을 구상하면, 인공지능이 나머지를 담당하는 것—우리는 이를 '저작의 한 형태'로 정의합니다. 하지만 사람들이 아직 이를 받아들일 준비가 되어있지 않다면, 우리는 이러한 저술의 형태를 '저작'이 아닌 '프로듀싱'이라 명명하고자 합니다.

따라서 이러한 집필을 수행하는 이는 저자가 아닌 프로듀서로 불리게 될 것입니다.

물론 시간이 흘러 세상이 이러한 집필 형태를 자연스럽게 받아들이게 된다면, 그때는 저자와 프로듀서를 동등한 창조자의 반열에 올리게 될 것입니다. 우리는 이를 믿으며 기다립니다.

우리는 프로듀서입니다.

이 책을 만들 때 사용된 인공지능들

AI LLM ChatGPT, Claude, Gemini, Perplexity, Grok
Agent AI Genspark, Felo, Manus
TTS AI ElevenLabs, F5-TTS, Azure TTS
Imaging AI GPTv1, Whisk, GemImage, Midjourney, Flux
자체제작 AI 4bookAI, Framework

북 프로듀서 ▲
창작의 패러다임 전환

가이드
4bookAI 사용 가이드

4bookAI는 인공지능 기술을 활용해 독서 경험을 혁신하는 차세대 독서 플랫폼입니다. 단순히 책을 읽는 것을 넘어, AI의 도움으로 한 권의 책에서 무한한 지식과 창조적 영감을 얻을 수 있는 새로운 독서 생태계를 제공합니다.

4bookAI는 확장본문, 인포그래픽, 마인드맵, 오디오 강의, 팟캐스트, 퀴즈 등 다양한 구성으로 되어있으며, AskAI라는 에이전트가 이 구성들마다 상주하면서 독자가 선택한 내용에 대하여 인공지능 해설을 해주거나 특별한 요청을 수행하게 됩니다.

이 에이전트를 이용하면 독자는 1권의 책으로부터 수천권의 책, 수만의 인터넷 문서와 만날 수 있을 뿐만 아니라 시와 에세이를 쓰는 것처럼 훌륭한 창조적 기능들을 수행할 수 있습니다.

그 뿐만 아닙니다. AskAI의 핵심 중 핵심은 현재 도서에 담겨있는 모든 내용과 저자의 주의, 주장을 학습하였다는 것입니다. 일반적 인공지능이 그냥 백과사전식 지식을 무미 건조하게 맥락에서 동떨어진 황당한 답변을 받을 확률이 높다는 것과 비교하면 AskAI는 책내용의 맥락에 맞게 결과를 내어주므로 응답품질이 하늘과 땅 차이인 것입니다.

QR코드 접속 안내

4bookAI의 모든 기능을 이용하려면 책에 인쇄된 QR 코드를 스캔하여 접속하시면 됩니다.

먼저 스마트폰을 준비하신 후, 카메라 앱을 실행해 주세요. 최신 스마트폰은 별도의 QR 리더 앱을 설치하지 않아도 기본 카메라 앱에서 QR 코드를 자동으로 인식합니다. 카메라를 QR 코드에 맞추면 화면 상단이나 하단에 웹사이트 링크가 담긴 알림이 자동으로 나타납니다. 이 알림을 터치하시면 바로 4bookAI 사이트로 연결됩니다.

한 번의 스캔만으로 확장 본문, 인포그래픽, 마인드맵, 오디오 강의, 팟캐스트, 퀴즈, 독자 게시판, AskAI 에이전트 등 책과 연동된 모든 디지털 콘텐츠를 즉시 이용할 수 있습니다. QR 코드는 각 챕터별로 제공되므로, 읽고 계신 부분에 해당하는 QR 코드를 스캔하면 해당 챕터의 콘텐츠로 바로 이동합니다.

랜딩페이지 안내

QR 코드를 스캔하여 접속하면 4bookAI의 랜딩 페이지가 나타납니다. 페이지는 직관적인 인터페이스로 구성되어 있어 원하는 기능을 쉽게 찾아 이용할 수 있습니다.

페이지 상단의 헤더에는 도서명이 표시되며, 바로 아래에는 접속하신 챕터의 제목이 명시되어 있습니다. 중앙 영역에는 주요 기능 버튼 6개가 체계적으로 배치되어 있어 한눈에 확인할 수 있습니다. 각 버튼에는 확장 본문, 인포그래픽, 마인드맵, 오디오 강의, 팟캐스트, 퀴즈 등의 아이콘과 명칭이 표시되어 있으며, 터치 한 번으로 해당 기능 페이지로 이동합니다.

하단에는 3개의 추가 버튼이 배치되어 있습니다. 이 중 '가이드북' 버튼을 선택하면 현재 읽고 계신 이 사용 가이드 페이지보다 더욱 상세한 설명과 활용 팁, 각 기능별 세부 매뉴얼을 확인할 수 있는 페이지로 연결됩니다.

확장 본문

책에 수록된 내용을 확장한 본문입니다. 저자의 의도에 따라 지면 관계상 책에 싣지 못한 내용이 추가되기도 하고, 책은 에세이나 정서적 내용으로 구성하고 확장 본문은 정보성 내용으로 전개하기도 하며, 책은 고정되어 있지만 확장 본문은 멀티모달, 인터랙티브하게 제작되는 등 다양한 활용이 가능합니다. 내용 중 일부를 선택하여 AskAI의 도움으로 무한한 정보를 탐색할 수 있고, 선택한 항목으로 시를 창작하거나 시나리오를 만드는 등 창의적인 활용이 가능합니다.

인포그래픽

책의 주요 내용을 그림과 함께 일목요연하게 정리한 시각 자료입니다. 각 항목에서 AskAI를 활용해 심화 정보를 탐색하거나, 해당 주제로 창작 활동을 할 수 있어 학습의 폭을 넓힐 수 있습니다.

마인드맵

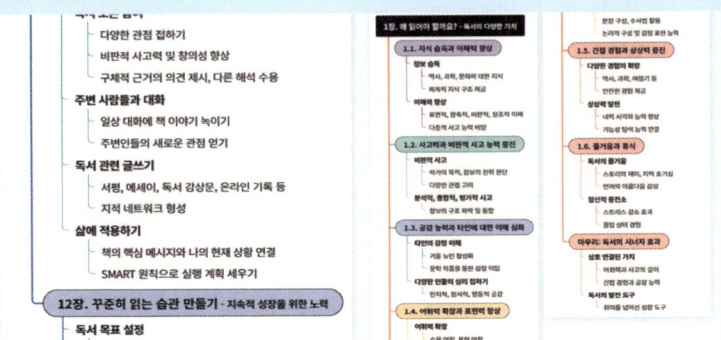

핵심 개념들을 다이어그램을 통해 체계적으로 구조화한 사고 도구입니다. AskAI와 연동하여 각 노드에서 확장된 지식을 얻거나 다양한 창의적 결과물을 생성할 수 있습니다.

오디오 강의/팟캐스트

오디오 강의는 전문 강사가 챕터별로 제공하는 음성 해설로, 이동 중에도 편리하게 학습할 수 있는 청각 콘텐츠입니다.

팟캐스트는 전문가와 진행자가 재미있게 대화를 나누며 핵심 내용을 풀어내는 토크 형식의 콘텐츠로, 부담 없이 들으며 이해도를 높일 수 있습니다.

퀴즈

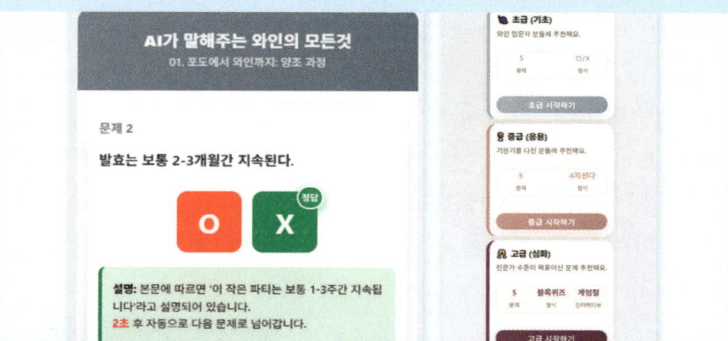

인공지능이 초급, 중급, 고급 수준별로 제공하는 문제를 통해 본문 이해도를 점검할 수 있습니다. 오답에 대한 상세한 해설과 최종 평가를 제공하여 입체적인 학습 피드백을 받을 수 있습니다.

독자 게시판

목차별로 마련된 토론 공간에서 독자들이 의견을 나누고 서로의 관점을 공유하며 능동적으로 참여할 수 있습니다.

기타

저자, 출판사 등 추가 페이지가 제공되어 한 권의 책이 더 넓은 세상으로 가는 관문이 되게 해줍니다.

AskAI 에이전트

이번에는 4bookAI 플랫폼에 탑재된 AskAI 에이전트에 대해 살펴보겠습니다.

앞서 설명한 바와 같이 AskAI는 해당 도서로 강화 학습(Reinforcement Learning, RL)된 인공지능 에이전트입니다. 저자의 주장과 견해를 독자에게 해설하고 보충해 주는 역할을 합니다. 독자가 4bookAI 사용 중 항목을 선택하여 호출하면 다음과 같은 화면이 구성됩니다.

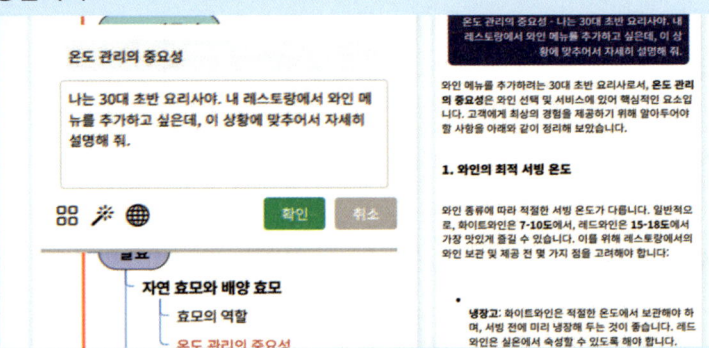

- **선택된 키센텐스** 현재 선택된 키센텐스를 중심으로 답변합니다.

- **부가 요청 대화창** 사용자의 추가 질문을 작성하거나 템플릿에서 내용을 가져올 수 있습니다.

- **부가 요청 템플릿** 도서 특성에 맞게 준비된 자주 묻는 질문들입니다. 버튼 클릭으로 입력하고, 백스페이스 한 번으로 전체 삭제가 가능합니다.

- **인공지능이 선택해준 추천 질문** 핵심 문장과 연관되어 독자가 궁금해할 만한 내용을 AI가 선별하여 제시합니다.

- **인터넷 검색 버튼** AskAI는 기본적으로 사전 학습된 내용으로 답변하지만, 이 토글 버튼을 활성화하면 실시간 웹 검색을 통해 최신 정보를 참조하여 답변하고, 출처 링크를 함께 제공합니다.

4bookAI의 혁신성

4bookAI는 단순한 독서 도구를 넘어 지식 창조와 학습 혁신을 위한 종합 플랫폼입니다. 한 권의 책이 수천 권의 지식과 연결되고, 독자는 능동적 학습자이자 창작자로 성장할 수 있습니다. 이는 기존 독서 패러다임을 완전히 바꾸는 혁신적 접근법으로, 미래형 독서 문화의 새로운 표준을 제시합니다.

4bookAI을 처음 사용할 때

1. 하단에 있는 QR코드를 스캔하면 등록화면이 나옵니다.
2. 지시에 따라 이 책의 뒷면에 스티커로 붙어있는 4bookAI 등록 코드를 촬영합니다.
3. 이 코드는 처음 등록한 날로부터 180일간 4bookAI를 사용할 수 있습니다.
4. 180일 뒤에는 월정액을 결제하고 계속 사용할 수 있습니다. 월정액과 방법은 별도 안내드립니다.

4bookAI ▶
등록 및 결제 안내

소개
책을 씹어먹는 기술에 대하여

"책 읽기, 어디서부터 시작해야 할지 막막한가요?"
"막상 책을 펼치면 꾸벅꾸벅 졸음만 오나요?"
"열심히 읽었는데, 다 읽고 나면 남는 게 없는 것 같다고요?"

　더 이상 독서 때문에 스트레스 받지 마세요! 여러분의 독서 여정에 유쾌한 길잡이가 되어줄 만화로 웃고, AI랑 토론하고, 실력까지 늘어나는 독서법이 바로 여기 있습니다!
　이 책은 독서의 '독'자만 봐도 머리가 지끈거렸던 분들, 혹은 좀 더 체계적이고 효과적인 독서법을 배우고 싶은 모든 분들을 위해 탄생했습니다. 딱딱하고 어려운 이론 설명은 이제 그만! 매 페이지마다 펼쳐지는 빵 터지는 4컷 만화와 함께라면 아무리 복잡한 독서 기술이라도 쉽고 재미있게 술술 이해될 것입니다.

> 소개
책의 구성

Part 1
독서 준비 운동

"왜 읽어야 할까?"라는 근본적인 질문부터 나에게 딱 맞는 책 고르는 법, 집중력을 높이는 독서 환경 만들기, 책 내용을 슬쩍 엿보는 워밍업까지! 독서의 첫걸음을 가볍게 뗄 수 있도록 도와드립니다.

Part 2
실전 독서 기술

꼼꼼하게 의미를 파악하는 정독, 빠르게 핵심을 훑는 속독은 물론, 비판적으로 생각하며 질문하는 기술, 글의 구조를 파악하는 방법까지! 상황에 따라 알맞은 독서법을 자유자재로 활용할 수 있게 됩니다.

Part 3
독서 후 완벽 마무리

읽은 내용을 오래도록 기억하는 독서 기록법, 생각을 넓히는 토론과 글쓰기, 독서를 꾸준한 습관으로 만드는 비법까지! 독서의 즐거움을 삶 전체로 확장할 수 있도록 안내합니다.

차례

책을 프로듀싱하다	4
4bookAI 사용 가이드	6
책 소개	14
책의 구성	15

Part 1
독서 준비 운동
효과적인 독서를 위한 기초 다지기

1장. 왜 읽어야 할까요? - 독서의 다양한 가치   22

    1.1. 지식 습득과 이해력 향상 | 1.2. 사고력과 비판적 사고 능력 증진 | 1.3. 공감 능력과 타인에 대한 이해 심화 | 1.4. 어휘력 확장과 표현력 향상 | 1.5. 간접 경험과 상상력 증진 | 1.6. 즐거움과 휴식

2장. 나에게 맞는 책 고르기 - 현명한 독서 선택   40

    2.1. 나의 관심사와 독서 목적 파악하기 | 2.2. 다양한 분야의 책 탐색하기 | 2.3. 책 정보 확인하기 | 2.4. 수준에 맞는 책 선택하기 | 2.5. 전자책 vs 종이책: 나에게 맞는 형태는?

3장. 독서 환경 조성하기 - 몰입을 위한 최적의 조건   58

    3.1. 조용하고 집중이 잘 되는 공간 마련 | 3.2. 편안한 자세와 조명 유지 | 3.3. 주변 방해 요소 최소화하기 | 3.4. 독서 시간 계획하기

4장. 독서 전 워밍업 - 책 내용 미리보기   72

    4.1. 제목과 표지 분석하기 | 4.2. 목차 살펴보기 | 4.3. 머리말과 맺음말 읽어보기 | 4.4. 저자 정보 확인하기 | 4.5. 예상 질문 던져보기

Part 2
독서 기술 익히기
내용을 깊이 있게 이해하는 방법

5장. 천천히 깊이 읽기 - 정독의 중요성　　　　　　　　　92

5.1. 문장 하나하나 꼼꼼히 읽기 | 5.2. 모르는 단어나 개념 확인하기 | 5.3. 문맥을 파악하며 읽기 | 5.4. 중요한 부분 표시하며 읽기

6장. 빠르게 핵심 파악하기 - 속독의 기술　　　　　　　　105

6.1. 눈의 움직임 훈련하기 | 6.2. 덩어리(의미군)로 읽는 연습 | 6.3. 불필요한 반복 줄이기 | 6.4. 상황에 따른 속도 조절 | 실전 연습: 속독 연습 방법

7장. 비판적으로 생각하며 읽기 - 질문하고 분석하기　　　123

7.1. 내용의 사실 여부 확인하기 | 7.2. 저자의 의도 파악하기 | 7.3. 논리적 오류 찾아내기 | 7.4. 다양한 관점에서 생각해보기

8장. 구조를 파악하며 읽기 - 책의 얼개 이해하기　　　　139

8.1. 중심 내용과 뒷받침 내용 구분하기 | 8.2. 문단 간의 관계 파악하기 | 8.3. 논리 전개 방식 이해하기 | 8.4. 도표, 그림 등 시각 자료 활용하기

9장. 다양한 독서 방법 활용하기　　　　　　　　　　　　153

9.1. 발췌 독서: 필요한 부분만 골라 읽기 | 9.2. 통독: 처음부터 끝까지 전체 내용 파악하며 읽기 | 9.3. 반복 독서: 깊이 있는 이해를 위해 여러 번 읽기 | 9.4. 연관 독서: 하나의 주제로 여러 책 읽기

Part 3
독서 후 활동
기억하고 확장하기

10장. 나만의 독서 기록 남기기 - 기억을 붙잡는 기술   170

    10.1. 독서 노트 작성법 | 10.2. 독서 감상문 쓰기 | 10.3. 마인드 맵 활용하기 | 10.4. 온라인 독서 기록 플랫폼 활용하기

11장. 생각을 정리하고 확장하기 - 나만의 의미 만들기   184

    11.1. 독서 토론 참여하기 | 11.2. 주변 사람들과 이야기 나누기 | 11.3. 독서와 관련된 글쓰기 | 11.4. 독서 내용을 삶에 적용하기

12장. 꾸준히 읽는 습관 만들기 - 지속적인 성장을 위한 노력   198

    12.1. 독서 목표 설정하기 | 12.2. 매일 꾸준히 읽는 시간 확보하기 | 12.3. 독서 모임 활용하기 | 12.4. 독서 동기 부여 방법 찾기 | 12.5. 슬럼프 극복하기

맺음말   216

Part 1

독서 준비 운동
효과적인 독서를 위한 기초 다지기

1장. 왜 읽어야 할까요? - 독서의 다양한 가치
2장. 나에게 맞는 책 고르기 - 현명한 독서 선택
3장. 독서 환경 조성하기 - 몰입을 위한 최적의 조건
4장. 독서 전 워밍업 - 책 내용 미리보기

1장
왜 읽어야 할까요?
- 독서의 다양한 가치

  독서는 단순히 글자를 읽는 행위가 아닙니다. 책장을 넘기는 순간, 우리는 새로운 세계의 문을 열고 있는 것입니다. 독서의 가치는 정보 습득을 넘어 인간의 내면을 풍요롭게 하고, 세상을 바라보는 시각을 넓혀주며, 삶의 질을 근본적으로 향상시키는 힘을 가지고 있습니다.

  21세기 디지털 시대에서도 독서가 여전히 중요한 이유는 무엇일까요? 짧은 영상이나 간단한 정보 전달 매체가 넘쳐나는 시대에, 긴 호흡으로 이어지는 독서만이 줄 수 있는 특별한 가치들이 있습니다. 이 장에서는 독서가 우리에게 선사하는 여섯 가지 핵심 가치를 깊이 있게 살펴보겠습니다.

1.1. 지식 습득과 이해력 향상

　책은 세상을 탐험하는 특별한 지도입니다. 책을 읽으면 역사의 비밀, 과학 원리, 다른 문화 이야기 등 새로운 지식이 머릿속에 들어옵니다. 직접 경험하기 어려운 무궁무진한 세계를 만나는 지식 창고입니다.

1장 왜 읽어야 할까요? - 독서의 다양한 가치

독서를 통한 지식 습득은 단순한 정보 수집과 다릅니다. 인터넷 검색이나 짧은 영상이 '점' 형태의 정보를 제공한다면, 독서는 '선'이나 '면' 형태의 체계적 지식 구조를 제공합니다. 책은 저자가 오랜 연구와 사색으로 구축한 완성된 지식 체계를 담고 있습니다.

예를 들어, 기후 변화에 대해 알고 싶다면 인터넷 기사들보다 전문가의 책을 통해 역사적 배경, 과학적 원리, 사회적 영향, 미래 전망까지 종합적으로 이해할 수 있습니다. 이런 체계적 지식은 우리 사고를 더 풍부하고 깊이 있게 만듭니다.

독서는 정보를 모으는 것 이상입니다. 글을 따라가며 '아하!' 하고 깨닫는 순간, 복잡했던 내용이 이해되고 여러 정보가 연결됩니다. 흩어진 퍼즐 조각이 맞춰지듯 세상을 보는 눈이 명확해집니다. 이는 단순히 '아는 것'을 넘어 세상을 더 깊고 넓게 '이해하는 힘'을 기르는 과정입니다.

독서로 기르는 이해력은 다층적입니다. 표면적 이해(명시된 내용 파악), 함축적 이해(숨겨진 의미 파악), 비판적 이해(타당성 판단), 창조적 이해(새로운 아이디어 창출)의 네 층위가 있습니다.

이런 다층적 이해력은 학문적 성취뿐 아니라 일상생활에서도 도움이 됩니다. 복잡한 상황을 분석하고, 다양한 관점을 고려하며, 올바른 판단을 내리는 능력으로 이어집니다. 책을 통해 얻은 지식과 이해력은 세상을 바라보는 여러분만의 특별한 렌즈가 될 것입니다.

1.2. 사고력과 비판적 사고 능력 증진

책을 읽는 것은 글자를 눈으로 따라가는 수동적 행위가 아닌, 적극적으로 답을 찾아가는 능동적 탐구 과정입니다. "작가의 진정한 목적은 무엇일까?", "이 정보는 사실일까?", "다른 해석은 없을까?" 이런 물음표들을 끊임없이 던지며 텍스트와 대화하듯 읽으

1장 왜 읽어야 할까요? - 독서의 다양한 가치

면, 자연스럽게 '사고력'이 견고하게 자라납니다.

독서가 사고력 발달에 미치는 영향은 최신 뇌과학 연구로도 증명되고 있습니다. 독서 과정에서 전전두엽, 측두엽, 두정엽 등 여러 핵심 영역이 동시에 활성화되며 복잡한 신경 연결망이 강화됩니다. 특히 고차원적 사고를 담당하는 전전두엽은 독서를 통해 지속적으로 자극받으면 논리적, 추상적, 창의적 사고 능력이 현저히 향상됩니다.

독서 중 우리 뇌에서 일어나는 사고 과정을 살펴보면, 먼저 '분석적 사고'가 작동합니다. 글의 구조를 파악하고, 중심 내용과 부수적 내용을 구분하며, 저자의 논리를 따라가는 과정입니다. 다음으로 '종합적 사고'가 작동하여 개별 정보들을 통합하고 전체적 맥락을 파악합니다. 마지막으로 '평가적 사고'를 통해 내용의 타당성을 판단하고 자신만의 견해를 형성합니다.

책 속에는 다양하고 때로는 상충되는 관점들이 담겨 있습니다. 이야기에 몰입해 읽다가도 '나라면 다르게 생각할 텐데?' 하고 멈춰 따져보는 경험, 이것이 바로 '비판적 사고 능력'을 키우는 최고의 훈련입니다.

비판적 사고의 핵심 요소들을 독서를 통해 기를 수 있습니다. 첫째, '의문 제기 능력'입니다. "저자는 왜 이런 결론에 도달했을까?", "다른 가능성은 없을까?" 같은 질문을 습관적으로 던지게 됩니다. 둘째, '증거 평가 능력'입니다. 저자가 제시한 근거가 충분하고 신뢰할 만한지 판단하는 능력을 개발합니다. 셋째, '논리적 오

1.2. 사고력과 비판적 사고 능력 증진

류 발견 능력'입니다. 다양한 논증 방식을 접하며 논리적 허점을 찾아내는 안목을 기릅니다. 넷째, '다양한 관점 고려 능력'입니다. 같은 주제에 대해 다른 입장의 책들을 비교하며 읽으면 균형 잡힌 시각이 향상됩니다.

　이러한 사고력과 비판적 사고 능력은 든든한 지적 무기가 됩니다. 가짜 뉴스가 난무하고 편향된 정보가 쏟아지는 시대에, 독서로 단련된 비판적 사고 능력은 진실을 분별하고 올바른 판단을 내리는 데 필수불가결한 도구가 됩니다.

1장 왜 읽어야 할까요? - 독서의 다양한 가치

1.3. 공감 능력과 타인에 대한 이해 심화

책은 마치 타임머신이나 마법의 문과 같습니다. 책장을 넘기면 낯선 시대의 누군가가 되거나 전혀 다른 환경 속 주인공의 마음속으로 들어갈 수 있습니다. 그들의 기쁨, 슬픔, 고민을 함께 겪으면서 '아, 저 사람 입장은 그럴 수 있겠구나' 하고 생각하게 됩니다.

1.3. 공감 능력과 타인에 대한 이해 심화

이것이 바로 '공감 능력'이 자라나는 순간입니다.

독서가 공감 능력에 미치는 영향은 심리학 연구로 입증되었습니다. 소설을 읽는 동안 뇌의 거울 뉴런이 활성화되어 마치 자신이 그 경험을 하는 것처럼 느끼게 됩니다. 이는 실제로 타인의 감정을 이해하고 공감하는 능력 향상으로 이어집니다.

특히 문학 작품을 읽을 때 이런 효과가 두드러집니다. 주인공의 내적 갈등, 성장 과정, 인간관계의 복잡함을 따라가면서 무의식적으로 '감정 이입'을 하게 됩니다. 이 과정에서 타인의 입장에서 생각하는 능력이 향상됩니다.

공감 능력은 여러 단계로 발달합니다. '인지적 공감'(타인의 감정 이해), '정서적 공감'(타인의 감정을 자신처럼 느낌), '행동적 공감'(타인을 돕는 행동)으로 이어집니다. 책을 통해 다양한 인물의 심리를 접하면서 이런 능력들이 자연스럽게 향상됩니다.

'나'의 세계를 넘어 책 속 다양한 인물들의 삶을 간접 체험하는 것은 타인 이해의 폭을 넓혀줍니다. 난민 이야기를 읽으면 그들의 고통을 이해하게 되고, 역사 인물의 전기를 읽으면 그 시대적 맥락에서 그들의 선택을 이해하게 됩니다.

독서를 통한 공감 능력 향상은 감정적 차원에 머물지 않습니다. 다양한 문화적 배경과 가치관을 가진 인물들을 만나면서 '다양성 존중'과 '관용의 정신'을 기르게 됩니다. 이는 다문화 사회에서 필수적인 능력입니다.

1장 왜 읽어야 할까요? - 독서의 다양한 가치

1.4. 어휘력 확장과 표현력 향상

책을 읽다 보면, 여러분은 마치 보물찾기를 하는 탐험가처럼 새롭고 흥미로운 단어들을 계속해서 발견하게 될 것입니다. 처음 보는 낯선 단어도 이야기의 흐름 속에서 앞뒤 문맥을 통해 뜻을 유추하며 자연스럽게 익히게 되죠. 이렇게 하나하나 쌓인 다채로운 어

1.4. 어휘력 확장과 표현력 향상

휘들은 여러분의 '언어 보물 상자'를 점점 더 풍성하게 채워줄 것입니다.

어휘력 향상이 중요한 이유는 언어가 단순한 의사소통 수단을 넘어 사고의 핵심 도구이기 때문입니다. 더 많고 정확한 어휘를 알수록 더 정밀하고 섬세한 사고가 가능해집니다. 예를 들어, '기쁘다'라는 단어 하나만 알고 있다면 모든 긍정적 감정을 '기쁘다'로만 표현할 수밖에 없습니다. 하지만 '즐겁다', '행복하다', '황홀하다', '만족하다', '흐뭇하다', '뿌듯하다', '들뜨다', '설레다' 등 다양한 어휘를 알고 있다면 감정의 미묘한 차이와 농도를 정확하게 구분하고 표현할 수 있습니다.

어휘력 향상은 체계적으로 이루어집니다. 첫 번째 단계는 '수용 어휘'의 확장입니다. 읽거나 들었을 때 즉각적으로 의미를 이해할 수 있는 어휘가 늘어나는 것입니다. 두 번째 단계는 '표현 어휘'의 확장입니다. 말하거나 쓸 때 실제로 사용할 수 있는 어휘가 늘어나는 것입니다. 독서를 통해 먼저 수용 어휘가 폭발적으로 늘어나고, 이것이 점진적으로 표현 어휘로 전환됩니다.

단순히 아는 단어가 많아지는 것뿐만 아니라, 책 속에서 뛰어난 작가들의 다채로운 문장들을 만나면서 '와, 이렇게도 표현할 수 있구나!' 하고 감탄하게 될 때도 많을 것입니다. 다양한 표현 방식을 지속적으로 접하며 여러분의 복잡한 생각이나 섬세한 감정을 더 정확하고, 구체적이며, 창의적으로 나타내는 '표현력'도 함께 성장합니다.

1장 왜 읽어야 할까요? - 독서의 다양한 가치

　표현력 향상은 여러 차원에서 이루어집니다. 첫째, 어휘 선택 능력이 정교해집니다. 상황과 맥락에 가장 적합한 단어를 선택하는 능력이 생깁니다. 둘째, 문장 구성 능력이 다양해집니다. 단순한 문장에서 복잡한 복문까지 다양한 문장 구조를 활용하며 자신만의 문체를 만들어나갈 수 있습니다. 셋째, 수사법 활용 능력이 세련되어집니다. 은유, 직유, 의인법 등 다양한 수사법을 자연스럽게 사용할 수 있게 됩니다. 넷째, 논리적 구성 능력이 체계화됩니다. 자신의 생각을 체계적으로 정리하고 설득력 있게 전달하는 능력이 향상됩니다. 다섯째, 감정 표현 능력이 섬세해집니다. 내적 감정이나 미묘한 심리 상태를 정확하고 공감가는 언어로 표현하는 능력이 발달합니다.

　풍부한 어휘와 뛰어난 표현력은 어떤 상황에서든 여러분의 생각과 감정을 가장 적절하게 표현하는 데 강력한 힘이 되어줄 것입니다. 학교에서 발표를 할 때, 친구들과 대화를 나눌 때, 감동적인 글을 쓸 때 모두 없어서는 안 될 귀중한 도구가 됩니다.

1.5. 간접 경험과 상상력 증진

 책은 마치 어디로든 갈 수 있는 '순간이동 장치'와 같습니다. 우리는 갑자기 중세 시대 기사가 되기도 하고, 머나먼 우주를 탐험하는 우주비행사가 될 수도 있죠. 이렇게 내가 직접 해보지 못한 일들을 책 속 주인공을 통해 대신 경험하는 것, 이것이 바로 독서가

1장 왜 읽어야 할까요? - 독서의 다양한 가치

선물하는 짜릿한 '간접 경험'입니다. 시간과 공간을 훌쩍 뛰어넘어 경험의 보물 지도를 넓혀가는 셈이죠!

간접 경험의 가치는 실제 경험과 크게 다르지 않습니다. 뇌과학 연구에 따르면, 책을 읽으면서 상상하는 경험과 실제 경험을 할 때 뇌에서 활성화되는 영역이 상당히 유사합니다. 따라서 독서를 통한 간접 경험도 우리의 지식과 지혜를 늘리는 데 실질적인 도움이 됩니다.

간접 경험의 범위는 무한합니다. 역사서를 통해 과거의 사건들을 생생하게 체험하고, 과학서를 통해 우주의 신비를 탐험하며, 여행기를 통해 세계 각지의 문화를 접할 수 있습니다. 전기문을 읽으면 위대한 인물들의 삶을 따라가며 그들의 성공과 실패를 간접적으로 경험할 수 있습니다.

특히 현대인들에게는 시간과 공간의 제약으로 직접 경험하기 어려운 것들이 많습니다. 히말라야 등반, 아마존 밀림 탐험, 전쟁터의 참혹함, 다른 나라의 생활 방식 등을 책을 통해서는 안전하고 편안하게 경험할 수 있습니다. 간접 경험은 또한 '시행착오 학습'의 기회를 제공합니다. 책 속 인물들의 실수와 성공을 지켜보면서 우리는 실제로 그런 상황에 처했을 때 어떻게 행동해야 할지 미리 학습할 수 있습니다.

게다가 독서는 우리 머릿속에 숨겨진 '상상력 발전소'를 힘차게 돌려줍니다. 글자로만 표현된 풍경이나 '인물이 어떤 모습일까?' 하고 머릿속으로 그려보는 과정 자체가 상상력을 키우는 최고의

1.5. 간접 경험과 상상력 증진

운동이거든요. 영상처럼 모든 걸 보여주는 대신, 우리 스스로 생생하게 세상을 만들도록 이끌어주죠.

상상력은 창의성의 근본입니다. 상상력이 풍부한 사람은 기존의 틀에서 벗어나 새로운 아이디어를 떠올리고, 문제를 독창적으로 해결할 수 있습니다. 독서 과정에서 끊임없이 이미지를 그려보고, 상황을 상상하며, 결말을 예측해보는 활동들이 모두 상상력을 기르는 훈련이 됩니다.

독서는 '내적 시각화' 능력을 향상시킵니다. 글로 묘사된 장면을 머릿속에서 생생한 이미지로 만들어내는 능력입니다. 이 능력은 학습에도 큰 도움이 됩니다. 복잡한 개념이나 추상적인 내용도 이미지로 변환하여 이해하고 기억할 수 있게 되기 때문입니다. 또한 책을 읽으면서 "주인공이 다른 선택을 했다면?" "이런 상황에서 나라면?" 같은 질문을 던지게 됩니다. 이런 사고 실험들은 다양한 가능성을 탐색하고 창의적 사고를 기르는 데 도움이 됩니다.

이렇게 쌓인 간접 경험과 활짝 펼쳐진 상상력은 세상을 더 넓고 깊게 이해하는 특별한 능력이 되어줄 것입니다. 또한 예술 창작, 문제 해결, 혁신적 아이디어 창출 등 창의성이 요구되는 모든 영역에서 큰 힘을 발휘하게 됩니다.

1.6. 즐거움과 휴식

독서가 꼭 공부처럼 느껴질 필요는 없습니다. 오히려 좋아하는 음악을 듣거나 재미있는 영화를 보는 것처럼, 책 읽기는 그 자체로 아주 신나는 즐거움이 될 수 있습니다! 다음 내용이 궁금해서 밤새 책장을 넘기거나, 멋진 문장에 마음이 '쿵' 하고 울리는 경험, 상상

1.6. 즐거움과 휴식

만 해도 설레지 않나요? 독서는 이렇게 우리의 감성을 촉촉하게 적셔주고 일상에 작은 행복을 더해주는 특별한 활동입니다.

독서의 즐거움은 여러 차원에서 경험할 수 있습니다. 첫째는 '스토리의 재미'입니다. 흥미진진한 플롯, 매력적인 캐릭터, 예상치 못한 반전 등이 주는 즐거움은 어떤 오락보다도 강렬할 수 있습니다. 둘째는 '지적 호기심의 만족'입니다. 궁금했던 것에 대한 답을 찾거나, 새로운 지식을 습득할 때 느끼는 "아하!" 하는 순간의 희열은 게임에서 레벨업하는 것 못지않게 짜릿합니다. 셋째는 '언어의 아름다움을 감상하는 즐거움'입니다. 시의 운율, 산문의 유려한 문체, 작가만의 독특한 표현은 그 자체로 예술적 감동을 줍니다. 넷째는 '감정적 카타르시스'입니다. 책 속 인물의 기쁨과 슬픔을 함께 경험하면서 자신의 감정도 정화되는 경험을 할 수 있습니다.

또한, 잠시 세상의 소음에서 벗어나고 싶을 때, 책은 최고의 '정신적 충전소'가 되어줍니다. 복잡한 학교생활이나 끊임없이 울리는 스마트폰 알림에서 잠시 로그아웃하고, 조용히 책 속 이야기에 빠져드는 거죠. 편안한 자세로 책에 집중하다 보면 어느새 머리가 맑아지고 마음에는 평온함이 찾아올 것입니다.

현대의 디지털 미디어가 주는 자극과 달리, 독서는 '느린 즐거움'을 제공합니다. 빠르게 변하는 화면이나 자극적인 소리 없이도 충분히 몰입할 수 있는 경험을 선사합니다. 이런 느린 즐거움은 마음의 안정과 집중력 향상에 큰 도움이 됩니다.

1장 왜 읽어야 할까요? - 독서의 다양한 가치

　독서를 통한 휴식은 단순한 시간 보내기가 아닙니다. '적극적 휴식'이라고 할 수 있는데, 뇌는 활동하지만 스트레스는 줄어드는 특별한 상태입니다. 연구에 따르면 독서는 스트레스를 68%까지 줄일 수 있으며, 이는 음악 감상이나 차 마시기보다도 효과적입니다. 책은 '독서 치료(Bibliotherapy)'라는 분야가 있을 정도로 정신적 치유에 도움이 됩니다. 자신과 비슷한 고민을 가진 인물의 이야기를 읽으면서 위로받고, 문제 해결의 실마리를 찾을 수 있습니다.

　독서는 '몰입(Flow)' 상태를 경험할 수 있는 최적의 활동 중 하나입니다. 책에 완전히 빠져들어 시간 가는 줄 모르고 읽는 상태는 깊은 만족감과 행복감을 가져다줍니다. 이런 몰입 경험은 전반적인 삶의 질을 향상시키는 데 기여합니다.

　독서는 이렇게 우리에게 달콤한 휴식을 선물할 뿐만 아니라, 삶에 활력과 의미를 부여하는 특별한 활동입니다. 바쁜 일상 속에서도 책과 함께하는 시간은 자신만의 소중한 쉼터가 되어줄 것입니다.

마무리

지금까지 독서가 우리에게 선사하는 여섯 가지 소중한 가치들을 살펴보았습니다. 이 모든 가치들은 독립적으로 존재하는 것이 아니라 서로 연결되어 시너지 효과를 만들어냅니다.

풍부한 어휘력은 더 깊은 사고를 가능하게 하고, 다양한 간접 경험은 공감 능력을 키우며, 비판적 사고 능력은 더 질 높은 지식 습득으로 이어집니다. 독서는 단순한 취미나 학습 도구를 넘어, 나를 더 발전시켜주는 강력한 도구입니다

2장
나에게 맞는 책 고르기
- 현명한 독서 선택

세상에는 수많은 책들이 존재합니다. 매년 수만 권의 새로운 책이 출간되고, 인류가 쌓아온 지식의 보고는 점점 더 방대해지고 있습니다. 이렇게 많은 선택지 앞에서 어떤 책을 읽을지 결정하는 것은 때로 부담스럽게 느껴질 수 있습니다. 하지만 올바른 선택 기준과 방법을 안다면, 이 과정 자체가 즐거운 탐험이 될 수 있습니다.

책을 잘 고르는 것은 독서 경험의 질을 좌우하는 매우 중요한 단계입니다. 자신에게 맞지 않는 책을 선택하면 독서가 고통스러운 의무가 될 수 있지만, 적절한 책을 선택하면 독서는 즐거운 모험이자 성장의 기회가 됩니다. 이 장에서는 여러분이 자신만의 독서 여정을 설계하고, 그 여정에 가장 적합한 책들을 선별하는 방법을 알아보겠습니다.

2.1. 나의 관심사와 독서 목적 파악하기

혹시 '오늘 뭐 먹지?' 만큼 책 고르기가 막막할 때가 있나요? 나만의 플레이리스트를 고르듯, 책도 관심사와 목적이라는 두 가지 필터를 적용하면 훨씬 즐겁게 선택할 수 있습니다.

2장 나에게 맞는 책 고르기 - 현명한 독서 선택

관심사 파악의 중요성

　독서에서 가장 중요한 동력은 바로 '호기심'입니다. 자신이 진정으로 궁금해하고 관심을 갖는 분야의 책을 읽을 때 가장 높은 몰입도와 만족도를 얻을 수 있습니다.

　먼저, 요즘 관심 분야를 생각해보세요. '추천 도서가 궁금해서', '눈물나는 소설을 찾고 싶어서' 같은 아주 작은 호기심도 좋습니다. 이게 바로 여러분의 독서 취향을 알려주는 신호입니다!

　관심사를 파악하려면 일상의 궁금증을 관찰하세요. 뉴스나 SNS에서 본 흥미로운 정보, 친구와의 대화에서 나온 호기심을 메모해 두면 관심사를 드러내는 단서가 됩니다. 과거 독서 경험을 돌아보며 재미있었던 책과 지루했던 책의 특징을 파악하고, 좋아하는 영화 장르나 유튜브 채널의 주제를 독서 관심사와 연결해보세요.

독서 목적의 명확화

　다음은 목적을 생각해보는 것입니다. '깔깔 웃으며 스트레스 풀고 싶어서', '필요한 지식을 얻으려고', '새로운 세상을 만나고 싶어서' 등 책을 통해 얻고 싶은 것을 떠올려 보세요.

　독서 목적은 크게 여러 카테고리로 나눌 수 있습니다. 학습형 독서는 새로운 지식이나 기술 습득을 위한 것으로 전공 공부나 업무 역량 향상이 여기에 해당합니다. 탐색형 독서는 시야를 넓히기 위한 목적으로 교양서나 에세이가 적합하고, 오락형 독서는 재미와 휴식을 위해 소설이나 만화를 읽는 것입니다. 성찰형 독서는 내면

2.1. 나의 관심사와 독서 목적 파악하기

을 탐구하기 위한 철학서나 자기계발서가, 정보형 독서는 최신 동향 파악을 위한 시사서가, 감정형 독서는 정서적 위로를 위한 치유 에세이나 시집이 적합합니다.

나의 관심사와 독서 목적을 먼저 알면, 수많은 책들 사이에서 길을 잃지 않고 나에게 딱 맞는 '인생 책'을 만날 확률이 높아집니다!

실용적인 관심사 목적 파악법

더 구체적으로 자신의 관심사와 목적을 파악하려면 다음과 같은 방법을 시도해보세요. 먼저 독서 일기를 써보는 것을 추천합니다. 읽은 책에 대한 간단한 기록을 남기면서 어떤 부분이 흥미로웠는지, 어떤 감정을 느꼈는지 기록해보세요. 또한 마인드맵 형태로 관심사 지도를 그려보면 의외의 연결고리를 발견할 수 있습니다.

독서 목표 설정도 중요합니다. 단기적으로는 1개월, 중기적으로는 6개월, 장기적으로는 1년의 독서 목표를 세워보세요. 이 과정에서 자신이 진정 원하는 것이 무엇인지 명확해집니다. 마지막으로 친구, 가족, 선생님과 책에 대해 이야기하면서 자신의 생각을 정리해보는 것도 좋은 방법입니다.

2장 나에게 맞는 책 고르기 - 현명한 독서 선택

2.2. 다양한 분야의 책 탐색하기

매일 똑같은 메뉴만 먹으면 질리듯, 혹시 여러분도 늘 비슷한 종류의 책만 읽고 있지는 않나요? 물론 내가 좋아하는 분야의 책을 깊이 파고드는 것도 좋지만, 가끔은 전혀 다른 세상의 이야기에 눈을 돌려보는 건 어떨까요?

2.2. 다양한 분야의 책 탐색하기

독서 편식의 문제점

많은 독자들이 자신이 좋아하는 특정 장르나 분야의 책만 계속 읽는 '독서 편식' 현상을 보입니다. 물론 좋아하는 분야를 깊이 있게 탐구하는 것은 전문성을 기르는 데 도움이 되지만, 지나친 편식은 사고의 폭을 제한할 수 있습니다.

첫째, 인지적 편향이 강화될 수 있습니다. 비슷한 관점의 책만 읽다 보면 자신의 기존 생각이 옳다는 확신만 강해지고, 다른 관점을 수용하기 어려워집니다.

둘째, 창의적 사고가 제한됩니다. 서로 다른 분야의 지식이 만날 때 혁신적인 아이디어가 탄생하는데, 한 분야만 집중하면 이런 기회를 놓치게 됩니다.

셋째, 숨겨진 재능을 발견할 기회를 잃습니다. 새로운 분야의 책을 읽다가 예상 못한 관심사나 재능을 발견하는 경우가 많습니다.

다양한 분야 탐색의 이점

평소 웹소설이나 판타지를 즐겨 읽었다면, 이번엔 잔잔한 에세이나 흥미로운 과학 교양서를 한번 펼쳐보세요. 역사책만 좋아했다면, 미래를 다룬 SF 소설이나 시집은 어떨까요?

다양한 분야의 책을 읽으면 지적 시너지 효과를 경험할 수 있습니다. 서로 다른 분야의 지식이 만나면 새로운 통찰이 생기는데, 예를 들어 역사책과 과학책을 함께 읽으면 과학 발전의 역사적 맥락을 이해하게 되고, 문학과 심리학을 함께 읽으면 인간 심리에 대

2장 나에게 맞는 책 고르기 - 현명한 독서 선택

한 깊은 이해를 얻을 수 있습니다.

또한 같은 주제를 다른 관점에서 다룬 책들을 읽으면 자연스럽게 비교하고 분석하는 능력이 향상되어 비판적 사고력이 발달합니다. 다양한 분야의 지식을 갖추면 더 많은 사람들과 깊이 있는 대화를 나눌 수 있어 소통 능력도 증진됩니다. 무엇보다 새로운 분야의 책을 읽다가 미래의 진로나 꿈을 발견하는 경우가 많아 진로 탐색의 좋은 기회가 될 수 있습니다.

분야별 추천 탐색 방법

각 분야별로 어떻게 접근하면 좋을지 살펴보겠습니다.

문학 → 과학 소설을 좋아한다면 과학 소설(SF)부터 시작해보세요. 그다음 과학자가 쓴 에세이, 재미있는 과학 실험 이야기 순으로 접근하면 자연스럽게 과학에 관심을 갖게 됩니다.

인문학 → 사회과학 철학이나 역사에 관심이 있다면 사회학이나 정치학 관련 교양서를 읽어보세요. 비슷한 맥락에서 접근할 수 있어 부담이 적습니다.

실용서 → 예술 자기계발서를 주로 읽었다면 예술가의 자서전이나 창작 과정을 다룬 책부터 시작해보세요.

논픽션 → 픽션 사실에 기반한 책만 읽었다면 실화를 바탕으로 한 소설이나 다큐멘터리 형식의 논픽션 소설부터 시작해보세요.

2.3. 책 정보 확인하기 (서평, 추천, 목차 등)

　온라인 쇼핑할 때 상품 후기 꼼꼼히 보는 것처럼, 책 고를 때도 비슷합니다! 표지만 보고 '느낌 있다!' 하고 덥석 집기 전에, 잠깐 멈춰서 책 정보를 확인하는 센스를 발휘해 봅시다.

2장 나에게 맞는 책 고르기 - 현명한 독서 선택

서평 활용법

먼저, 서평은 다른 사람들이 이 책을 어떻게 읽었는지 엿볼 수 있는 좋은 기회입니다. '나랑 비슷한 취향인 사람들은 어땠나?', '너무 어렵진 않을까?' 같은 힌트를 얻을 수 있습니다.

온라인 서점의 독자 서평, 전문가 서평, 언론 서평, 블로그 서평 등을 골고루 참고하면 더 균형 잡힌 정보를 얻을 수 있습니다. 이때 서평자의 배경을 파악하는 것이 중요한데, 전문가와 일반 독자의 관점이 다를 수 있으므로 자신과 비슷한 배경을 가진 서평자의 의견에 주목해보세요. 극찬하는 서평만 보면 편향될 수 있으니 비판적인 서평도 함께 보면서 장단점을 균형있게 파악하시고, "재미있다", "지루하다"같은 단순한 평가보다는 구체적인 예시가 담긴 서평을 우선적으로 참고하세요. 소설의 경우 스포일러가 담긴 서평은 피하는 것이 좋습니다.

추천 시스템 활용

추천 정보도 놓치지 마세요. 온라인 서점이나 독서 앱의 추천 알고리즘은 과거 구매나 평점 기록을 바탕으로 맞춤형 추천을 제공합니다. 친구, 선생님 등 신뢰하는 사람들의 추천도 적극 활용하세요. 특히 취향이 비슷한 사람의 추천은 성공률이 높습니다. 전문가의 추천도 참고하되 자신의 수준에 맞는지 검토하시고, 도서관이나 서점의 추천 코너나 '올해의 책' 선정 목록도 좋은 참고가 됩니다.

2.3. 책 정보 확인하기 (서평, 추천, 목차 등)

목차 분석법

마지막으로 목차는 책의 '지도'나 다름없습니다. 어떤 이야기가 펼쳐질지, 핵심 내용이 무엇인지 대략적인 흐름을 파악할 수 있습니다.

목차를 보면 저자가 어떤 순서로 이야기를 전개하는지, 논리적으로 잘 구성되어 있는지 확인할 수 있습니다. 전문 용어 사용 정도나 구성의 복잡성을 통해 난이도를 짐작할 수 있고, 관심 있는 주제가 포함되어 있는지도 미리 확인 가능합니다. 또한 이론 중심인지 실용적인지 등 책의 전반적인 성격도 파악할 수 있습니다.

기타 유용한 정보들

목차 외에도 저자의 전문성과 경력을 확인하면 책의 신뢰도를 파악할 수 있습니다. 출간일과 개정 여부, 번역서의 경우 원서 정보도 중요한데, 특히 빠르게 변하는 분야는 최신성이 중요합니다. 페이지 수나 글자 크기, 삽화 포함 여부로 읽기 부담을 미리 가늠해보고, 시리즈물의 경우 순서를 확인하세요. 이 정보들을 종합하면 '나에게 딱 맞는' 책을 만날 확률이 훨씬 높아집니다!

2.4. 수준에 맞는 책 선택하기

　혹시 '있어 보이려고' 너무 어려운 책을 골랐다가 첫 장만 새까맣게 만들고 덮어버린 경험, 없으신가요? 반대로 너무 쉬운 동화책만 읽는다면 생각의 키가 쑥쑥 자라기 어렵겠죠?

2.4. 수준에 맞는 책 선택하기

적정 수준의 중요성

독서에서 가장 중요한 것 중 하나는 '적정 수준'의 책을 선택하는 것입니다. 교육학에서 말하는 '근접발달영역(Zone of Proximal Development)' 개념을 독서에 적용하면, 현재 수준보다 약간 높은 도전적인 책을 읽을 때 가장 효과적인 학습과 성장이 일어납니다.

너무 쉬운 책은 새로운 것을 배울 기회가 적고 사고력 향상에 도움이 되지 않으며, 성취감이나 만족감이 떨어져 독서 능력이 정체됩니다. 반대로 너무 어려운 책은 좌절감과 스트레스를 느끼게 하고 내용 이해가 어려워 독서 의욕이 떨어지며, 독서에 대한 부정적 인식이 생겨 완독하지 못하고 포기하게 됩니다.

적정 수준 판단법

책은 마치 '지식의 계단' 같습니다. 너무 높은 계단은 오르기 버겁고, 너무 낮은 계단은 성장의 기쁨을 느끼기 힘들죠. 현재 독서 수준보다 딱 '한 뼘' 정도 높은 책을 골라보세요.

한 페이지를 읽었을 때 모르는 단어가 서너 개 정도 나오는 것이 적당합니다. 대부분의 문장을 이해할 수 있지만 가끔 복잡하거나 긴 문장이 나와서 주의 깊게 읽어야 하는 정도가 좋고, 전체 내용의 80-90% 정도를 이해할 수 있는 수준이 이상적입니다. 평소 읽기 속도보다 조금 느려지고, 평소보다 조금 더 집중해야 하지만 금세 지치지 않는 정도가 적당합니다.

2장 나에게 맞는 책 고르기 - 현명한 독서 선택

수준별 독서 전략

 한두 페이지 읽었을 때 모르는 단어가 좀 있고, 내용은 이해되지만 곱씹어볼 문장이 있는 정도가 알맞습니다.

 초급 수준에서는 짧고 간단한 문장으로 구성된 책부터 시작하여 관심 있는 주제의 쉬운 입문서를 선택하고, 만화나 그림이 많은 책을 활용하며 완독에 중점을 두고 독서 습관을 형성하세요. 중급 수준에서는 다양한 장르와 분야의 책에 도전하고 비교적 복잡한 구성의 책도 시도하며, 비판적 읽기를 연습하고 독서 노트나 서평을 쓰기 시작합니다. 고급 수준에서는 전문서나 고전 작품에 도전하고 원서 읽기를 시도하며, 여러 책을 연결해서 읽는 주제별 독서와 깊이 있는 분석을 할 수 있습니다.

수준 향상을 위한 점진적 접근법

 수준을 높이려면 단계적으로 접근하는 것이 중요합니다. 먼저 최근에 읽고 이해한 책들을 분석해서 자신의 현재 수준을 객관적으로 파악하세요. 그다음 일정 기간까지 도달하고 싶은 독서 수준을 정하고 단계별로 읽을 책들을 계획합니다. 편안한 수준의 책만 읽지 말고 주기적으로 조금씩 더 어려운 책에 도전하며, 독서 과정에서 느낀 점을 바탕으로 계획을 조정하세요. 이렇게 차근차근 성장을 경험해볼 수 있을 것입니다.

2.5. 전자책 vs 종이책: 나에게 맞는 형태는?

 전자책과 종이책 중 어떤 것이 더 좋다고 생각하나요? 마치 짜장면, 짬뽕을 고민하는 것처럼 정해진 답은 없습니다. 각자 뚜렷한 매력을 가지고 있어서, 어떤 선택이든 나름의 이유가 있을 수 있습니다. 중요한 것은 '나에게 더 잘 맞는' 형태를 찾는 것입니다.

2장 나에게 맞는 책 고르기 - 현명한 독서 선택

종이책의 장점과 특성

종이책은 손으로 직접 책장을 넘기는 감촉, 종이 냄새, 다 읽은 책을 책장에 꽂아두는 뿌듯함까지 아날로그적인 즐거움을 줍니다. 밑줄을 긋거나 메모하며 흔적을 남기기에도 좋습니다.

책의 무게감, 종이의 질감, 페이지를 넘기는 소리까지 모든 것이 독서 경험의 일부가 됩니다. 연구에 따르면 물리적 형태의 책을 읽을 때 공간 기억이 활성화되어 내용을 더 잘 기억할 수 있다고 합니다. 종이책은 디지털 기기의 방해 없이 온전히 독서에 집중할 수 있게 해주고, 눈의 피로도가 적어 장시간 독서에 유리합니다. 다만 휴대성 문제, 보관 공간의 필요성, 상대적으로 높은 가격 등이 단점입니다.

전자책의 장점과 혁신

반면, 전자책은 수천 권의 책을 작은 기기 하나에 담아 언제 어디서든 가볍게 독서를 즐길 수 있다는 엄청난 장점이 있습니다. 글자 크기를 조절하거나 모르는 단어를 바로 검색하는 편리한 기능도 빼놓을 수 없죠.

수십 권의 책을 한 기기에 저장하고 다닐 수 있어 이동 시 매우 유용하며, 언제든 구매하고 읽을 수 있습니다. 글자 크기, 배경색, 폰트 등을 개인의 취향에 맞게 조절할 수 있고, 사전 및 하이라이트, 메모 기능이 통합되어 있어 학습에 유용합니다. 하지만 기기 의존성, 배터리 문제, 눈의 피로 등이 단점으로 지적됩니다.

2.5. 전자책 vs 종이책: 나에게 맞는 형태는?

상황별 최적 선택 가이드

종이책은 깊이 있는 사색이 필요한 철학서나 문학, 집에서 편안하게 읽는 휴식형 독서, 필기와 메모를 많이 해야 하는 학습서, 아이들과 함께 읽는 그림책, 선물이나 수집 목적의 도서에 적합합니다. 전자책은 이동 중 독서, 다양한 책을 빠르게 읽어야 하는 상황, 외국어 학습서, 즉시 구매해서 읽어야 하는 상황에 유용합니다.

개인 성향별 추천

감성적 독서자 물리적 존재감을 중시하고, 독서를 감각적 경험으로 즐기는 사람들은 종이책이 더 적합할 수 있습니다.

실용적 독서자 효율성과 편의성을 중시하고, 많은 책을 빠르게 읽는 것을 선호하는 사람들은 전자책이 더 적합할 수 있습니다.

학습 지향적 독서자 언어 학습이나 전문 지식 습득이 주목적이라면 전자책의 다양한 기능이 도움이 될 수 있습니다.

하이브리드 접근법

많은 독서가들이 택하는 현명한 방법은 두 형태를 상황에 따라 선택적으로 활용하는 것입니다.

병행 독서 같은 책을 종이책과 전자책으로 구매해서 집에서는 종이책으로, 이동 중에는 전자책으로 읽는 방법입니다.

장르별 구분 소설은 종이책으로, 실용서는 전자책으로 읽는 식으로 장르에 따라 구분하는 방법입니다.

2장 나에게 맞는 책 고르기 - 현명한 독서 선택

단계별 활용 처음에는 전자책으로 읽어보고, 정말 마음에 드는 책만 종이책으로 다시 구매해서 소장하는 방법입니다.

미래의 독서 환경과 나만의 스타일

기술 발전에 따라 전자책의 기능은 계속 향상되고 있지만, 종이책 또한 고유한 가치를 인정받아 여전히 많은 사랑을 받고 있습니다. 가장 중요한 것은 자신에게 맞는 독서 환경을 만드는 것입니다. 어떤 형태든 꾸준히 읽는 것이 중요하며, 상황에 따라 유연하게 선택하는 지혜를 발휘하시기 바랍니다. 무엇보다 중요한 것은 책의 형태가 아니라 그 안에 담긴 내용과 여러분이 그 내용을 통해 얻게 될 가치들입니다.

마무리

지금까지 나에게 맞는 책을 선택하는 다섯 가지 핵심 원칙을 살펴보았습니다. 독서를 계속하면서 취향도 변하고, 수준도 높아지며, 관심사도 확장됩니다. 따라서 주기적으로 자신의 독서 패턴을 점검하고 조정하는 것이 필요합니다.

완벽한 책을 찾으려고 너무 고민하지 마세요. 때로는 예상과 다른 책도 소중한 경험이 됩니다. 그런 경험들이 쌓여야 진정 자신에게 맞는 책이 무엇인지 알 수 있게 됩니다.

3장 독서 환경 조성하기 - 몰입을 위한 최적의 조건

3장
독서 환경 조성하기
- 몰입을 위한 최적의 조건

운동선수가 최고의 퍼포먼스를 위해 컨디션을 조절하고 환경을 정비하듯, 독서에서도 최적의 환경 조성은 매우 중요합니다. 아무리 좋은 책을 선택했다 하더라도 환경이 뒷받침되지 않으면 진정한 독서의 즐거움을 누리기 어렵습니다.

독서 환경은 단순히 물리적 공간만을 의미하지 않습니다. 심리적 상태, 시간 관리, 주변 조건 등이 모두 복합적으로 작용하여 독서의 질을 결정합니다. 이 장에서는 몰입도 높은 독서를 위한 최적의 조건들을 체계적으로 알아보겠습니다.

좋은 독서 환경의 중요성은 과학적으로도 입증되고 있습니다. 환경 심리학 연구에 따르면, 물리적 환경이 인간의 인지 능력과 집중력에 직접적인 영향을 미친다고 합니다. 따라서 독서 환경은 독서 효과를 극대화하기 위한 필수적인 과정입니다.

3.1. 조용하고 집중이 잘 되는 공간 마련

혹시 마음이 편안해지는 '나만의 특별한 장소'가 있나요? 독서도 그렇습니다. 책의 세계로 깊이 빠져들려면, 마음 편히 집중할 수 있는 '나만의 독서 아지트'가 필요하죠. 스탠드 불빛 아래 책상일 수도 있고, 햇살 좋은 창가나 조용한 도서관일 수도 있습니다.

3장 독서 환경 조성하기 - 몰입을 위한 최적의 조건

공간의 심리적 의미

독서 공간은 물리적 장소를 넘어 심리적 의미를 갖습니다. 특정 공간에서 반복 독서를 하면 그 공간과 독서 행위 사이에 조건부 반사가 형성됩니다. 이를 '장소 학습(place learning)' 또는 '맥락 의존 학습(context-dependent learning)'이라고 합니다. 중요한 것은, 그곳에 가면 '자, 이제 책 읽자!' 하는 마음의 준비가 저절로 되는 곳이어야 한다는 점입니다. 마치 영화관에 가면 영화에 집중하게 되듯, 독서 공간을 정해두면 책과의 만남이 더 특별해집니다.

이상적인 독서 공간의 조건

완전한 무음보다는 40-50dB 정도의 부드러운 배경음이 집중력 향상에 도움이 됩니다. 자연의 소리나 화이트 노이즈 같은 소리는 좋지만, 갑작스러운 소음이나 말소리는 집중을 방해합니다.

공간은 너무 좁으면 답답하고 너무 넓으면 산만해지므로, 일반적으로 3-4평 정도가 적당하며 공간에 대한 통제감을 느낄 수 있어야 합니다. 좋아하는 사진이나 식물, 향초 등으로 공간을 개인화하면 심리적 안정감을 얻을 수 있고, 독서 공간과 다른 활동 공간을 물리적 또는 심리적으로 구분하는 것이 좋습니다.

공간별 특성과 활용법

집 안에서는 서재나 개인 방이 가장 이상적인 독서 공간으로, 외부 방해를 최소화할 수 있습니다. 거실 한쪽에 편안한 의자와 작은

3.1. 조용하고 집중이 잘 되는 공간 마련

책장을 배치해 독서 코너를 만들 수도 있고, 침실은 잠자리 독서에 적합하지만 졸음에 주의해야 합니다.

집 밖에서는 도서관이 조용하고 집중하기 좋은 환경을 제공하지만 개인화에는 한계가 있으므로 정기적으로 같은 자리를 이용해 익숙함을 만드는 것이 좋습니다. 카페는 적당한 배경음과 활기찬 분위기가 창의적 독서에 도움이 되지만 소음과 혼잡도를 고려해야 합니다. 날씨가 좋을 때는 공원이나 야외에서 독서하면 자연환경이 스트레스를 줄이고 집중력을 향상시킵니다. 대중교통은 출퇴근 시간을 활용한 독서에 적합하며 전자책이나 가벼운 책을 선택하는 것이 좋습니다.

공간 조성 실전 팁

처음부터 완벽한 독서 공간을 만들려고 하지 말고 점차 개선해 나가는 것이 현실적입니다. 하나의 공간보다는 여러 공간을 상황에 따라 활용하세요. 집중이 필요한 학습서는 조용한 서재에서, 가벼운 소설은 카페에서 읽는 식으로 구분할 수 있습니다. 독서만을 위한 공간이 어렵다면 독서용 쿠션이나 스탠드를 준비해두었다가 배치하는 방법도 좋습니다. 거창하지 않아도 좋습니다. 가장 편안하게 이야기에 흠뻑 빠질 수 있는 곳, 그곳이 바로 최고의 독서 환경이니까요.

3.2. 편안한 자세와 조명 유지

　책을 읽다가 목이나 허리가 뻐근했던 경험, 혹은 눈이 침침해져 글자들이 흐릿하게 보였던 경험이 있나요? 마치 멋진 연주를 위해 악기를 세심하게 조율하듯, 우리 몸도 독서를 위한 최적의 상태로 만들어주어야 합니다.

3.2. 편안한 자세와 조명 유지

자세의 과학적 중요성

올바른 독서 자세는 단순히 편안함을 위한 것이 아닙니다. 자세가 집중력과 인지 능력에 직접적인 영향을 미친다는 것이 과학적으로 입증되고 있습니다. 바른 자세는 뇌로의 혈액 공급을 원활하게 하여 집중력과 기억력을 향상시키며, 구부정한 자세는 목과 어깨의 혈관을 압박하여 뇌로의 산소 공급을 방해할 수 있습니다. 허리를 펴고 앉으면 폐활량이 증가하여 더 깊고 편안한 호흡이 가능해지고, 이는 집중력 향상과 스트레스 감소에 도움이 됩니다. 또한 바른 자세는 교감신경과 부교감신경의 균형을 맞춰 최적의 각성 상태를 유지하는 데 도움이 됩니다.

앉아서 읽을 때는 의자에 깊이 앉아 등받이에 허리를 기대고, 발바닥 전체가 바닥에 닿도록 하며 무릎과 엉덩이가 90도 각도를 이루도록 합니다. 어깨는 자연스럽게 내리고 목은 곧게 세우며, 책과 눈의 거리는 30-40cm 정도 유지하는 것이 좋습니다. 침대나 소파에서 읽을 때는 벽이나 쿠션에 등을 기대어 상체를 세우고, 무릎을 세워 책을 올려놓거나 독서대를 사용합니다. 짧은 시간 동안은 서서 읽는 것도 집중력 향상과 혈액 순환에 도움이 됩니다.

조명의 과학

조명 역시 중요합니다. 너무 어둡거나 눈에 직접적으로 빛이 들어오면 소중한 눈이 금방 피로해지죠. 눈부심 없이 글자가 선명하게 보이는 빛의 조명을 찾아주세요.

3장 독서 환경 조성하기 - 몰입을 위한 최적의 조건

조명의 기본 원리

조도(밝기) 독서에 적합한 조도는 300-500럭스(lux) 정도입니다. 너무 밝으면 눈부심이, 어두우면 눈의 피로가 증가합니다.

색온도 4000-5000K 정도의 자연광에 가까운 색온도가 독서에 적합합니다. 너무 차가운 빛(6000K 이상)은 각성 효과가 있지만 장시간 노출 시 피로를 유발할 수 있습니다.

균등성 책 전체에 고르게 빛이 비춰야 합니다. 일부만 밝고 일부는 어두우면 눈의 피로가 증가합니다.

눈부심 방지 직접적인 빛이 눈에 들어오지 않도록 조명의 위치와 각도를 조절해야 합니다.

조명 유형별 특성

자연광 가장 이상적인 조명입니다. 창가에서 독서할 때는 직사광선을 피하고 커튼이나 블라인드로 빛을 조절하세요.

LED 조명 에너지 효율이 높고 발열이 적어 장시간 사용에 적합합니다. 조도와 색온도를 조절할 수 있는 제품을 추천합니다.

형광등 균등한 빛을 제공하지만 깜빡임이 있을 수 있으므로 고주파 형광등을 선택하는 것이 좋습니다.

백열등 따뜻한 빛을 제공하지만 발열이 많습니다. 편안한 분위기 조성에는 좋지만 장시간 독서용으로는 제한적입니다.

3.3. 주변 방해 요소 최소화하기 (스마트폰, 소음 등)

책을 읽으려는데, 자꾸만 스마트폰 알림이 울리거나 주변 소음 때문에 이야기에 집중하기 어려웠던 적 있나요? 마치 흥미진진한 영화의 클라이맥스 장면에서 갑자기 광고가 튀어나오는 것처럼, 독서의 흐름이 툭 끊겨버리는 느낌일 것입니다.

3장 독서 환경 조성하기 - 몰입을 위한 최적의 조건

주의력과 방해 요소의 과학

현대 사회에서 우리의 주의력은 끊임없이 분산되고 있습니다. 특히 디지털 기기의 발달로 인해 '주의력 경제(attention economy)' 시대에 살고 있다고 해도 과언이 아닙니다. 이런 환경에서 독서와 같은 집중적 활동을 하기 위해서는 의도적으로 방해 요소를 차단하는 노력이 필요합니다.

방해는 소음, 시각적 자극, 알림 등 외부에서 오는 외적 방해와 걱정, 생각, 감정 등 내면에서 일어나는 내적 방해로 나뉩니다. 연구에 따르면 한 번 집중이 깨지면 다시 원래 수준의 집중력을 회복하는 데 평균 23분이 걸린다고 하니, 방해 요소를 최소화하는 것은 독서 효율성에 매우 중요합니다.

디지털 방해 요소 관리

책 속 세계로 떠나는 모험에 불쑥 끼어드는 방해꾼들은 잠시 멀리하는 지혜가 필요합니다. 스마트폰은 잠시 '비행기 모드'로 설정하거나 눈에 보이지 않는 곳에 두세요. 독서하는 방과 다른 곳에 스마트폰을 두면 물리적 거리가 멀수록 사용 충동이 줄어듭니다. 필수적이지 않은 앱의 알림을 모두 끄고, 스마트폰 사용 시간을 제한하는 디지털 웰빙 앱을 활용하여 독서 시간을 보호하세요. 시간 확인을 위해 스마트폰을 보는 습관을 없애기 위해 아날로그 시계를 사용하는 것도 좋은 방법입니다.

3.3. 주변 방해 요소 최소화하기 (스마트폰, 소음 등)

환경적 방해 요소 관리

TV 소리나 시끄러운 대화 소리가 들린다면 문을 닫거나 조용한 시간대를 활용하는 것도 좋은 방법입니다. 화이트 노이즈로 일정한 배경음을 만들어 갑작스러운 소음을 차단하거나, 완전한 무음이 필요한 경우 이어플러그나 노이즈 캔슬링 헤드폰을 활용하세요. 가족이나 룸메이트의 활동이 적은 시간대를 찾아 독서하고, 다른 활동 영역과 구분되는 독서 전용 공간을 만드는 것도 효과적입니다.

내적 방해 요소 관리

5-10분간 명상이나 심호흡을 통해 마음을 안정시키고, 머릿속 잡념을 종이에 적어두어 마음을 비우세요. 처음에는 짧은 시간부터 시작해서 점차 독서 시간을 늘려가거나, 25분 집중과 5분 휴식의 포모도로 기법을 활용해보는 것도 좋습니다.

이렇게 집중력 도둑들을 잠시 멀리하면, 책 속 주인공과 더욱 깊은 대화를 나누고, 작가가 숨겨둔 보물 같은 메시지를 발견하는 기쁨을 온전히 누릴 수 있을 것입니다. 독서 시간만큼은 온전히 책과 나, 둘만의 시간을 만들어보세요.

3.4. 독서 시간 계획하기

혹시 '언젠가 시간이 나면 읽어야지' 하고 마음속으로만 다짐했던 책들이 책장에 조용히 잠자고 있지는 않나요? 마치 소중한 사람과의 약속처럼, 독서도 미리 시간을 정해두는 것이 중요합니다.

3.4. 독서 시간 계획하기

시간 관리의 심리학

바쁜 일상 속에서 독서 시간을 의식적으로 마련하지 않으면, 다른 급한 일들에 밀려 책을 펼칠 기회가 자꾸만 뒤로 미뤄지기 쉽습니다. 이는 심리학에서 말하는 '계획 착오'와 '즉석 만족 편향' 때문입니다. 사람들은 미래의 시간 여유를 과대평가하고, 당장 눈앞의 급한 일을 우선시하며 장기적으로 중요한 독서를 미루는 경향이 있습니다. 따라서 독서를 위한 시간을 명확히 계획하고 지키는 것은 단순한 시간 관리를 넘어 심리적 전략이기도 합니다.

효과적인 독서 시간 계획법

거창하게 몇 시간씩 계획할 필요는 없습니다. 아침에 15분, 혹은 자기 전 20분처럼 하루 중 짧은 시간부터 시작해보세요. 연구에 따르면 새로운 습관을 형성하는 데는 평균 66일이 걸린다고 하니, 처음부터 무리한 계획보다는 지속 가능한 작은 목표부터 시작하는 것이 중요합니다.

아침 독서(6-9시)는 뇌가 가장 맑고 집중력이 높은 시간으로 자기계발서나 전문서 같은 사고를 요하는 책에 적합합니다. 점심시간 독서(12-13시)는 스트레스를 해소하고 재충전에 좋으며, 가벼운 에세이나 단편소설이 어울립니다. 저녁 독서(18-21시)는 하루 일과를 마무리하며 여유로운 시간을 활용할 수 있고, 취침 전 독서(21-23시)는 마음을 안정시키고 수면의 질 향상에 도움이 됩니다.

크로노타입(생체리듬)을 고려하여 아침형 인간은 이른 아침 독서

3장 독서 환경 조성하기 - 몰입을 위한 최적의 조건

가, 저녁형 인간은 늦은 오후나 저녁 시간 독서가 효과적입니다. 직장인은 출퇴근 시간이나 점심시간을, 학생은 수업 전후 자투리 시간을, 주부는 가족이 외출한 시간을 활용할 수 있습니다.

독서 시간 확보 전략

하루를 블록으로 나누어 독서 전용 시간을 확보하는 '시간 블록 기법'을 활용해보세요. 매일 같은 시간에 독서하는 고정 블록, 정해둔 시간만큼 시각은 유연하게 조정하는 유동 블록, 주말에 1-2시간씩 몰아서 독서하는 집중 블록으로 나눌 수 있습니다. 병원이나 은행에서의 대기 시간, 대중교통 이동 시간 같은 자투리 시간도 활용하고, 운동이나 가사일 중에는 오디오북을 들으며 멀티태스킹을 할 수 있습니다.

독서 시간 늘리기 전략

처음에는 15분에서 시작해 점진적으로 늘려보세요. 월간/연간 목표를 설정하되 현실적으로 계획하고, 도전적 책 20%, 편안한 책 60%, 새로운 분야 20%로 구성해보세요. 월말에 독서 계획 달성도를 점검하고 다음 달 계획을 수정하며 지속적으로 개선해나가면, 어느새 독서가 자연스러운 습관이 되고 그 작은 시간들이 모여 성장하는 경험을 하게 될 것입니다.

마무리

지금까지 몰입도 높은 독서를 위한 최적의 환경 조성 방법을 살펴보았습니다. 자신의 생활 패턴과 취향을 파악하고, 시행착오를 통해 점차 개선해나가는 과정이 필요합니다. 작은 개선부터 시작하여 점진적으로 발전시켜나가는 것이 현명한 방법입니다.

좋은 독서 환경이 갖춰졌다면, 이제 본격적으로 책과 마주할 준비를 해볼 시간입니다. 다음 장에서는 책을 펼치기 전에 미리 해볼 수 있는 준비 운동들을 알아보겠습니다.

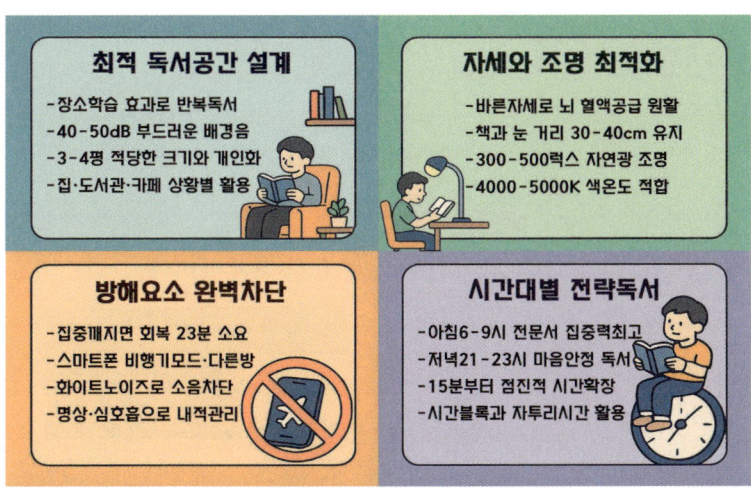

4장 독서 전 워밍업 - 책 내용 미리보기

4장
독서 전 워밍업
- 책 내용 미리보기

운동선수가 경기에 앞서 준비운동을 하듯, 독서에서도 책을 본격적으로 읽기 전에 하는 '워밍업'이 있습니다. 이 과정을 '예비 독서(preview reading)' 또는 '사전 훑어보기(previewing)'라고 부르는데, 이는 독서 효과를 크게 높이는 중요한 단계입니다.

많은 독자들이 책을 펼치자마자 첫 페이지부터 읽기 시작하지만, 이는 마치 지도도 없이 낯선 도시를 탐험하는 것과 같습니다. 사전 워밍업을 통해 책의 전체적인 구조와 방향을 파악하면, 독서 과정에서 길을 잃지 않고 더 깊이 있는 이해에 도달할 수 있습니다.

이 장에서는 효과적인 독서를 위한 다섯 가지 워밍업 단계를 자세히 살펴보겠습니다. 각 단계는 책과의 첫 만남을 더욱 의미 있고 풍성하게 만들어줄 것입니다.

4.1. 제목과 표지 분석하기

 마음에 쏙 드는 영화 포스터 한 장만 보고도 그 영화 전체가 궁금해졌던 경험이 있나요? 책의 제목과 표지는 마치 그 책의 얼굴과 같습니다. 우리가 새로운 친구를 만날 때 이름을 묻고 첫인상을 살피듯, 책도 제목과 표지를 통해 슬쩍 힌트를 주곤 하죠.

4장 독서 전 워밍업 - 책 내용 미리보기

제목의 숨겨진 의미 탐구

책의 제목은 단순한 이름표가 아닙니다. 저자가 수많은 고민 끝에 선택한 작품의 핵심을 압축한 메시지입니다. 때로는 표지 그림 속에 작가가 몰래 숨겨둔 의미가 담겨 있기도 하고, 제목의 단어 하나하나가 책 전체 내용을 꿰뚫는 핵심 열쇠가 되기도 합니다.

제목을 분석할 때는 여러 관점에서 접근해보세요. 언어적으로는 사용된 단어들의 의미를 깊이 생각해보는 것이 중요한데, 예를 들어 '위대한 개츠비'에서 '위대한'이라는 형용사가 과연 긍정적 의미인지 아이러니인지 질문을 던지며 읽으면 작품을 더 깊이 이해할 수 있습니다. 제목이 담고 있는 상징이나 은유도 찾아보세요. '노인과 바다'에서 바다는 단순한 공간이 아니라 인생이나 운명을 상징할 수 있습니다. 또한 제목이 암시하는 장르적 특성을 파악하고, 시대적 맥락을 고려하며, 번역서의 경우 원제와 번역 제목을 비교해보는 것도 흥미롭습니다.

표지 디자인의 메시지

표지는 책의 첫인상을 결정하는 중요한 요소입니다. 출판사와 디자이너는 책의 내용과 분위기를 효과적으로 전달하기 위해 표지를 신중하게 설계합니다. 표지의 색상이 주는 심리적 효과를 생각해보세요. 빨간색은 열정이나 위험을, 파란색은 차분함이나 슬픔을, 검은색은 신비로움이나 절망을 연상시킬 수 있습니다. 표지에 등장하는 이미지들도 중요한데, 나비는 변화를, 새는 자유를,

4.1. 제목과 표지 분석하기

미로는 복잡함이나 갈등을 상징할 수 있습니다. 제목의 글꼴과 크기, 배치도 중요한 정보를 제공하며, 표지 요소들의 배치와 균형을 통해 책의 성격을 짐작할 수 있습니다.

실전 분석 방법

그러니 책을 집어 들면, 그냥 스윽 지나치지 말고 잠시 탐정이 되어보는 건 어떨까요? "이 제목은 왜 이렇게 지었을까?", "표지의 색깔이나 그림은 무엇을 나타낼까?" 이런 질문들을 던지며 책장을 넘겨보세요. 이 제목에서 가장 중요한 단어는 무엇인지, 제목이 암시하는 주제나 갈등은 무엇인지, 표지의 분위기는 어떤 감정을 불러일으키는지 생각해보세요. 같은 작가의 다른 작품이나 비슷한 주제의 책들과 비교 분석하거나, 제목이나 표지가 자신에게 어떤 연상을 불러일으키는지 생각해보는 것도 좋습니다. 이렇게 첫 만남에서 얻은 작은 단서들은 책 속 세계로 빠져드는 여정을 더욱 흥미진진하게 만들어 줄 것입니다.

4장 독서 전 워밍업 - 책 내용 미리보기

4.2. 목차 살펴보기

 책을 펼치면 가장 먼저 만나는 것 중 하나가 바로 목차죠. 목차는 작가가 공들여 설계한 책이라는 건물의 청사진과 같습니다. 어떤 주제가 있고, 어떤 이야기로 채워져 있는지, 또 어떻게 연결되어 전체적인 구조를 이루는지 한눈에 보여주는 안내도인 셈이죠.

4.2. 목차 살펴보기

목차의 전략적 중요성

목차는 단순한 페이지 번호 안내가 아닙니다. 저자의 사고 구조와 논리적 전개 방식을 보여주는 중요한 단서입니다. 특히 비문학 도서에서는 목차가 전체 내용의 핵심을 압축적으로 보여주는 경우가 많습니다.

목차를 분석할 때는 여러 측면을 살펴보세요. 구조적으로는 책이 몇 개의 부나 장으로 구성되어 있는지, 각 부분의 비중은 어떻게 되는지 파악하여 저자가 어떤 부분에 중점을 두고 있는지 알 수 있습니다. 각 장의 제목을 순서대로 읽어보면서 시간순인지, 중요도순인지, 원인-결과 순인지 등 저자의 논리적 전개 방식을 파악해보세요. 목차에서 반복적으로 나타나는 키워드나 핵심 개념을 찾으면 책의 중심 주제를 예상할 수 있고, 각 장의 페이지 수를 통해 어떤 부분이 더 자세히 다뤄지는지도 알 수 있습니다.

장르별 목차 특성

소설 소설의 목차는 보통 간단하지만, 각 장의 제목에서 분위기나 주요 사건을 엿볼 수 있습니다.

전문서/교양서 체계적이고 논리적인 구성을 보여줍니다. 대분류-중분류-소분류의 계층 구조를 통해 지식의 체계를 파악할 수 있습니다.

자기계발서 보통 문제 제기 → 해결책 제시 → 실천 방법 순서로 구성됩니다. 저자의 접근 방식을 알 수 있습니다.

4장 독서 전 워밍업 - 책 내용 미리보기

역사서/전기 시간순 구성이 일반적입니다. 각 시대나 시기별로 어떤 사건이나 주제를 다루는지 목차를 통해 파악할 수 있습니다.

에세이집 주제별 구성이 많으며, 각 에세이의 제목을 통해 저자의 관심사와 사고 방식을 엿볼 수 있습니다.

목차 활용 전략

목차를 꼼꼼히 살펴보면, 작가가 어떤 생각의 흐름으로 이야기를 펼쳐나갈지, 어떤 지혜를 어디쯤 숨겨두었을지 짐작해 볼 수 있습니다. 목차를 보고 특별히 관심 있는 부분이나 필요한 부분을 먼저 파악하여 선택적으로 읽을 수 있고, 어떤 부분은 빠르게, 어떤 부분은 천천히 읽을지 미리 계획할 수 있습니다. 각 장의 제목을 보고 "이 장에서는 무엇을 다룰까?"같은 질문을 미리 생각해보거나, 어떻게 연결되어 있는지 예상해볼 수도 있습니다.

목차를 분석할 때 먼저 전체 구조를 파악하여 몇 개의 큰 부분으로 나뉘어 있는지 확인하고, 자주 등장하는 핵심 키워드에 표시를 해보세요. 이렇게 책의 전체적인 뼈대를 파악하고 읽기 시작하면, 길을 잃지 않고 저자의 생각의 여정을 훨씬 깊이 있게 따라갈 수 있습니다.

4.3. 머리말과 맺음말 읽어보기

    책을 펼쳤을 때, 머리말이나 맺음말은 슬쩍 넘겨버리곤 하나요? 마치 영화의 예고편이나 엔딩 크레딧 뒤 쿠키 영상처럼, 여기엔 작가가 독자에게 직접 건네는 특별한 메시지가 숨어 있습니다.

4장 독서 전 워밍업 - 책 내용 미리보기

머리말의 가치와 의미

머리말에서는 저자가 왜 이 책을 쓰게 되었는지, 어떤 계기나 문제의식에서 출발했는지 알 수 있어 책의 목적과 방향을 이해하는 데 중요한 단서가 됩니다. 저자가 어떤 독자를 염두에 두고 글을 썼는지 명시하는 경우가 많아 책의 난이도나 접근 방식을 가늠할 수 있고, 때로는 저자가 권하는 독서 방법이나 순서를 안내하기도 합니다. 이 책이 다루는 범위와 다루지 않는 부분을 명확히 하여 독자의 기대를 조정하며, 책 집필 과정에서 도움을 받은 사람들에 대한 감사 인사를 통해 저자의 인간적 면모와 책의 배경을 엿볼 수 있습니다.

머리말 유형별 특성

학술서의 머리말 연구 배경, 방법론, 기존 연구와의 차별점 등을 설명합니다. 전문 지식이 필요한 부분과 일반 독자도 이해할 수 있는 부분을 구분해서 안내하기도 합니다.

소설의 머리말 작품의 배경이나 집필 과정, 주제 의식 등을 밝힙니다. 작품 해석의 중요한 열쇠를 제공하기도 합니다.

번역서의 머리말 원서의 가치, 번역의 어려움과 의도, 한국 독자를 위한 특별한 고려사항 등을 설명합니다.

개정판의 머리말 초판 이후의 변화, 개정 이유, 추가된 내용 등을 안내합니다.

4.3. 머리말과 맺음말 읽어보기

맺음말의 특별한 의미

맺음말은 긴 여정을 마친 뒤, 작가가 독자에게 '이것만은 꼭 기억해 줬으면 좋겠어' 하고 건네는 마지막 선물 같은 느낌입니다. 책의 주요 내용과 메시지를 압축적으로 정리해주고, 저자의 개인적 경험이나 깨달음을 공유하며 독자와 더 깊은 교감을 시도합니다. 책의 내용을 실제 삶에 어떻게 적용할 수 있는지 구체적인 방안을 제시하거나, 다루어진 주제에 대한 미래 전망을 보여주기도 합니다. 더 깊이 공부하고 싶은 독자를 위한 추천 도서나 자료를 안내하고, 끝까지 읽어준 독자에 대한 감사와 격려의 메시지를 전합니다.

효과적인 활용법

본격적인 탐험 전에 이 두 곳을 먼저 방문하면, 책과의 만남이 훨씬 더 의미 있고 풍성해질 것입니다. 본문을 읽기 전에 머리말을 통해 방향을 설정하고, 머리말에서 얻은 정보를 바탕으로 본문을 읽은 후, 독서 완료 후 맺음말을 통해 내용을 정리하고 성찰하세요. 머리말과 맺음말을 읽으면서 중요한 포인트나 개인적 감상을 메모해두면 본문 읽기에 도움이 되고, 머리말을 읽고 책에 대한 기대나 궁금증을 구체적인 질문으로 만들어두는 것도 좋습니다. 책을 다시 읽을 때는 맺음말을 먼저 읽고 시작하면 다른 관점에서 접근할 수 있습니다.

4.4. 저자 정보 확인하기

 어떤 책을 읽고 나서 '이 글을 쓴 사람은 어떤 사람일까?' 하고 궁금해 본 적 있나요? 저자를 알아보는 것은 마치 새로운 친구를 사귀기 전에 그 친구에 대해 조금 알아보는 것과 같습니다.

4.4. 저자 정보 확인하기

저자 정보의 중요성

저자가 어떤 분야를 공부했고, 어떤 경험을 했는지, 혹은 어떤 생각들을 주로 하는 사람인지 알게 되면, 책의 내용이 완전히 새롭게 다가올 때가 있습니다. 때로는 저자의 삶 자체가 책 속에 담긴 메시지를 이해하는 중요한 열쇠가 되기도 합니다.

저자 정보는 독서에 다양한 영향을 미칩니다. 저자의 전문성과 경험을 통해 책 내용의 신뢰성을 가늠할 수 있고, 특히 전문서나 실용서의 경우 저자의 경력이 내용의 질을 좌우하는 중요한 요소입니다. 저자의 학문적, 문화적, 개인적 배경을 알면 그가 왜 그런 관점을 가지게 되었는지 이해할 수 있어 책의 편향성을 인식하고 비판적으로 읽는 데 도움이 됩니다. 저자의 시대와 사회적 배경을 알면 책의 내용을 더 풍부한 맥락에서 이해할 수 있고, 저자의 개인적 경험을 알면 책의 내용에 더 깊이 공감할 수 있습니다.

저자 정보 수집 방법

저자 정보는 책 내부의 저자 소개 페이지, 머리말이나 맺음말에서의 개인적 언급, 감사의 글에서 찾을 수 있습니다. 출판사가 제공하는 책 뒷표지의 저자 소개나 홈페이지의 프로필, 언론 인터뷰도 유용합니다. 온라인에서는 저자의 개인 블로그나 소셜미디어 계정, 동영상 인터뷰나 강연을 통해 더 많은 정보를 얻을 수 있고, 도서관에서는 저자의 다른 저작물 목록이나 저자에 관한 연구 자료를 찾을 수 있습니다.

4장 독서 전 워밍업 - 책 내용 미리보기

저자 정보 활용 전략

비판적 읽기 저자의 배경을 알면 그의 한계나 편향성도 파악할 수 있어 더 균형 잡힌 시각으로 책을 읽을 수 있습니다.

맥락적 이해 저자가 처한 상황이나 시대적 배경을 고려하여 책의 내용을 해석할 수 있습니다.

개인적 연결 저자와의 공통점이나 차이점을 발견하여 더 깊은 대화를 나눈다는 기분으로 읽을 수 있습니다.

확장 독서 좋은 저자를 발견했을 때 그의 다른 작품이나 영향을 받은 책들로 독서 범위를 확장할 수 있습니다.

마치 친한 친구가 쓴 편지를 읽듯 저자의 생각과 감정을 더 생생하게 느낄 수 있고, 책을 통해 저자와 더 깊이 교감하는 특별한 경험을 할 수 있을 것입니다. 저자를 아는 것은 책이라는 세상을 안내하는 믿음직한 가이드를 만나는 것과 같습니다.

4.5. 예상 질문 던져보기

책을 펼치기 전에, '이 책은 나에게 어떤 이야기를 들려줄까?' 하고 궁금증을 품어본 적 있나요? 그냥 아무 생각 없이 첫 장을 넘기는 것보다, 미리 몇 가지 질문을 품고 책을 읽기 시작하면 마치 흥미진진한 보물찾기를 하는 것처럼 훨씬 재미있어집니다.

4장 독서 전 워밍업 - 책 내용 미리보기

질문 생성의 인지과학적 근거

질문을 가지고 독서를 시작하는 것은 인지과학적으로 입증된 효과적인 학습 전략입니다. 이를 '예측적 처리(predictive processing)'라고 하는데, 우리 뇌는 미리 예측을 세우고 그것을 검증하는 방식으로 정보를 처리합니다.

질문의 효과는 다양합니다. 특정 질문을 염두에 두면 관련 정보에 더 주의를 기울이게 되고, 수동적 읽기에서 능동적 탐구로 독서 방식이 바뀝니다. 질문에 대한 답을 찾는 과정에서 얻은 정보는 더 오래 기억에 남으며, 예측과 실제 내용을 비교하면서 비판적 사고가 활성화됩니다.

효과적인 질문 생성 방법

'주인공은 어떤 도전에 직면할까?', '작가는 궁극적으로 무엇을 말하려는 걸까?' 같은 질문들을 스스로에게 던져보세요.

질문은 여러 유형으로 분류됩니다. 사실적 질문은 "주요 사건은 무엇인가?"처럼 정보를 확인하고, 분석적 질문은 "왜 이런 일이 일어났을까?"처럼 원인을 탐구합니다. 해석적 질문은 의미를 파악하고, 평가적 질문은 비판적으로 접근하며, 창의적 질문은 상상력을 발휘합니다.

장르별 질문 전략

소설을 읽을 때는 주인공의 동기, 갈등의 핵심, 주제 의식을 질

4.5. 예상 질문 던져보기

문하세요. 자기계발서는 내 문제와의 연관성, 실천 가능성을 중심으로 질문합니다. 전문서는 기존 지식과의 연결, 근거의 충분성을 탐구하고, 역사서는 시대적 상황, 현재와의 비교를 질문해보세요.

질문 생성 실습 방법

5W1H(누가, 무엇을, 언제, 어디서, 왜, 어떻게)를 활용하여 기본 질문을 만들고, 내 경험과의 연관성 등 개인적 연결 질문도 추가하세요. 이전 책과의 비교 질문, 더 알고 싶은 부분에 대한 확장 질문도 유용합니다.

질문의 힘과 독서 성장

질문을 던지는 습관은 전반적인 사고력 향상으로 이어집니다. 지속적으로 질문하는 독서를 하면 호기심이 증가하고, 비판적 사고가 향상됩니다. 창의적 사고가 발달하고, 자신의 학습 과정을 객관적으로 관찰하는 메타인지 능력이 생기며, 평생학습 자세가 자연스럽게 형성됩니다.

4장 독서 전 워밍업 - 책 내용 미리보기

마무리

지금까지 효과적인 독서를 위한 다섯 가지 워밍업 단계를 살펴보았습니다. 이 모든 과정은 본격적인 독서에 앞서 책과 친해지고 방향을 설정하는 중요한 준비 단계입니다.

워밍업은 모든 책에 동일하게 적용할 필요는 없습니다. 책의 성격과 읽는 목적에 따라 어떤 단계는 더 중점적으로, 어떤 단계는 간략하게 진행할 수 있습니다. 중요한 것은 이런 방법들을 알고 있다가 필요에 따라 유연하게 활용하는 것입니다.

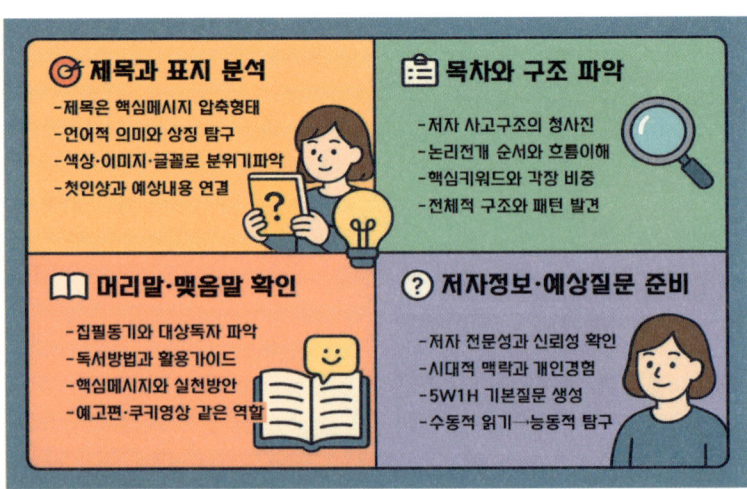

마무리

1장. 왜 읽어야 할까요?
- 독서의 다양한 가치

- 체계적 지식구조와 다층적 이해력
- 뇌 활성화로 분석적·종합적 사고
- 간접경험과 공감능력 향상
- 상상력·창의성·표현력 확장

2장. 나에게 맞는 책 고르기
- 현명한 독서 선택

- 관심사·목적 파악과 독서유형 분류
- 편식방지 다양한 분야 균형탐색
- 서평·목차·저자정보 종합판단
- 근접발달영역 수준별 맞춤선택

3장. 독서 환경 조성하기
- 몰입을 위한 최적의 조건

- 장소학습효과 독서공간 조성
- 바른자세와 최적조명 설정
- 스마트폰·소음 방해요소 차단
- 시간블록·자투리시간 계획관리

4장. 독서 전 워밍업
- 책 내용 미리보기

- 제목·표지 분석으로 주제파악
- 목차 청사진과 구조 이해
- 머리말·맺음말 핵심 메시지 확인

AI와 함께 더 깊게 읽기

4 FOR book AI

QR 코드를 스캔해 4bookAI를 만나보세요!
AI를 통해 방금 읽은 내용과 관련된 인포그래픽 및 마인드맵과 자유로운 질의응답, 퀴즈, 오디오 강의, 팟캐스트 등을 사용할 수 있어요.

Part 1. 독서 준비 운동

Part 2

독서 기술 익히기
내용을 깊이 있게 이해하는 방법

- 5장. 천천히 깊이 읽기 - 정독의 중요성
- 6장. 빠르게 핵심 파악하기 - 속독의 기술
- 7장. 비판적으로 생각하며 읽기 - 질문하고 분석하기
- 8장. 구조를 파악하며 읽기 - 책의 얼개 이해하기
- 9장. 다양한 독서 방법 활용하기

5장
천천히 깊이 읽기
- 정독의 중요성

우리는 종종 빠르게 많이 읽는 것이 좋은 독서라고 생각하곤 합니다. 하지만 진정한 독서의 즐거움은 천천히, 그리고 깊이 있게 책을 음미할 때 비로소 찾아옵니다. 이 장에서는 정독이라는 독서법을 통해 책이 담고 있는 진짜 보물을 발견하는 방법을 알아보겠습니다.

마치 좋은 차를 마실 때 그 향과 맛을 천천히 음미하듯, 책도 한 문장 한 문장 정성껏 읽어나갈 때 그 진가를 발견할 수 있습니다. 정독은 단순히 느리게 읽는 것이 아니라, 작가와 깊은 대화를 나누는 특별한 시간입니다. 이제 그 비밀의 문을 함께 열어볼까요?

5.1. 문장 하나하나 꼼꼼히 읽기

맛있는 음식을 맛볼 때, 빠르게 먹는 것보다 천천히 그 맛과 향을 음미하는 편인가요? 책 읽기도 마찬가지로 문장 하나하나를 꼼꼼히 읽으면 작가가 숨겨둔 깊은 뜻과 섬세한 감정까지 고스란히 느낄 수 있습니다.

5장 천천히 깊이 읽기 - 정독의 중요성

단어 하나, 조사 하나에도 작가의 특별한 의도가 담겨 있을 수 있습니다. 조금 느리게 읽더라도, 문장이 담고 있는 의미를 곱씹어보고, 앞뒤 문장과의 연결고리를 생각하며 읽어보세요. 그러면 작가가 정말 하고 싶었던 이야기의 핵심에 다가갈 수 있을 것입니다. 이것이 바로 정독의 첫걸음이자 가장 중요한 비밀입니다.

문장 꼼꼼히 읽기

문장을 꼼꼼히 읽는다는 것은 단순히 속도를 늦추는 것만이 아닙니다. 문장 속 리듬을 느끼고, 단어들의 조화를 관찰하는 과정입니다. "비가 내린다"라는 간단한 문장도 맥락에 따라 슬픔의 비일 수도, 기다리던 단비일 수도 있죠.

이런 미묘한 차이를 발견하는 것이 꼼꼼한 읽기의 매력입니다. 문장의 구조와 흐름에도 주목해보세요. 짧은 문장들이 연속될 때는 긴장감을, 길고 복잡한 문장은 깊은 사색을 담고 있을 가능성이 높아요. 이렇게 문장의 형태까지 살펴보면 작가의 문체와 표현 기법까지 배울 수 있습니다.

소리내어 읽기

때로는 소리 내어 읽어보는 것도 좋은 방법입니다. 눈으로만 읽을 때 놓치기 쉬운 문장의 운율을 귀로 들으면서 생생하게 느낄 수 있거든요. 특히 시나 대화 부분을 소리 내어 읽으면 그 장면이 눈앞에 펼쳐지는 듯한 생동감을 경험할 수 있습니다.

5.2. 모르는 단어나 개념 확인하기

 혹시 길을 잃어버린 듯한 기분으로 책을 읽은 적 있나요? 분명 글자는 읽고 있는데, 무슨 의미인지 모르겠을 때가 있죠. 낯선 단어나 생소한 개념일 가능성이 높아요. 이런 단어를 만나면 잠시 멈춰서 사전을 펼치거나 주변 어른들께 여쭤보는 용기가 필요합니다.

5장 천천히 깊이 읽기 - 정독의 중요성

그 단어나 개념의 의미를 알아가는 순간, 막혔던 이야기가 시원하게 풀리고 생각의 폭도 한 뼘 더 넓어지는 경험을 하게 될 것입니다. 귀찮다고 그냥 넘어가면, 책이 주는 진짜 즐거움과 깊이를 온전히 누리기 어렵습니다. 모르는 것을 알아가는 과정 자체가 또 하나의 즐거운 발견이 될 수 있습니다.

단어의 숨은 의미 찾아가기

단어의 의미를 찾아볼 때는 단순히 사전적 정의만 확인하는 것에 그치지 마세요. 그 단어가 어떤 어원을 가지고 있는지, 비슷한 의미의 단어들은 무엇인지, 반대되는 개념은 무엇인지까지 함께 살펴보면 더욱 풍부한 이해가 가능합니다. 예를 들어 '우울'이라는 단어를 만났다면, '멜랑콜리', '서글픔', '애수' 등 비슷하면서도 미묘하게 다른 감정들과 어떻게 구별되는지 생각해보는 것입니다.

이렇게 단어를 입체적으로 이해하면, 작가가 왜 그 단어를 선택했는지도 알 수 있게 됩니다. 같은 '슬픔'을 표현하더라도 '우울'과 '애수'는 전혀 다른 분위기를 만들어내거든요. 이런 차이를 느낄 수 있게 되면, 책 읽기가 단순한 정보 습득을 넘어 진정한 문학적 감상으로 발전하게 됩니다.

전문 용어와 마주했을 때

특히 전문 용어나 학술적인 개념을 만났을 때는 더욱 신중하게 접근해야 합니다. 이런 용어들은 특정 분야에서 매우 구체적이고

5.2. 모르는 단어나 개념 확인하기

정확한 의미로 사용되기 때문에, 대충 짐작해서 넘어가면 전체 내용을 잘못 이해할 위험이 있습니다. 이럴 때는 관련 분야의 입문서나 용어 사전을 참고하거나, 인터넷에서 신뢰할 만한 자료를 찾아보는 것이 좋습니다.

때로는 한 가지 개념을 이해하기 위해 여러 자료를 찾아봐야 할 때도 있어요. 하지만 이 과정을 통해 그 분야에 대한 기초 지식이 쌓이고, 다음에 비슷한 책을 읽을 때는 훨씬 수월해진다는 것을 기억하세요.

나만의 지식 창고 만들기

모르는 단어를 만날 때마다 별도의 노트에 적어두는 습관을 들이는 것도 추천합니다. '나만의 단어장'을 만들어 새로 배운 단어들을 정리하고, 그 단어가 나온 문장이나 상황도 함께 기록해두면, 나중에 비슷한 단어를 만났을 때 훨씬 쉽게 이해할 수 있습니다.

또한 개념을 이해할 때는 구체적인 예시를 찾아보거나 직접 만들어보는 것도 효과적입니다. 추상적인 개념일수록 실제 생활이나 경험과 연결시켜 이해하려고 노력해보세요. 자신만의 경험과 연결된 지식은 단순히 외운 지식보다 훨씬 깊이 있고 오래 남게 됩니다.

5장 천천히 깊이 읽기 - 정독의 중요성

5.3. 문맥을 파악하며 읽기

 단어 하나, 문장 하나에만 집중하다 보면 때로는 전체 이야기의 큰 그림을 놓치기 쉽습니다. 마치 숲 속에서 나무 한 그루만 살피느라 숲 전체의 아름다움을 보지 못하는 것과 같죠. 책 속 단어나 문장도 마찬가지입니다. 그 자체로도 의미가 있지만, 앞뒤 문장들

5.3. 문맥을 파악하며 읽기

과 어우러져 하나의 커다란 이야기 흐름을 만들 때 비로소 진짜 의미가 선명해집니다.

문맥을 파악한다는 것은 바로 이 '이야기의 흐름' 속에서 단어나 문장이 어떤 역할을 하는지 이해하는 과정입니다. 같은 단어라도 어떤 상황에서 나오느냐에 따라 전혀 다른 의미를 가질 수 있기 때문입니다.

연결의 신호를 찾아서

문맥 파악의 첫걸음은 '연결'에 주목하는 것입니다. 문장과 문장이 어떻게 이어지는지 살펴보세요. '그러나', '하지만'과 같은 역접의 연결어가 나오면 반대 내용이 나올 것을 예상할 수 있고, '그래서', '따라서'는 결과나 결론을 알려줍니다. 이런 신호들을 놓치지 않으면 글의 논리적 흐름을 쉽게 파악할 수 있습니다.

또한 반복되는 단어나 주제에 주의를 기울여보세요. 작가가 특정 단어를 여러 번 사용한다면, 그것이 바로 글의 핵심일 가능성이 높습니다. 때로는 같은 의미를 다른 표현으로 바꿔가며 반복하기도 하는데, 이런 변주를 발견하는 것도 문맥 읽기의 재미있는 부분입니다.

시간과 감정의 물결 따라가기

시간의 흐름이나 공간의 변화에도 민감해져야 합니다. 이야기가 과거에서 현재로 이동하는지, 장소가 바뀌는지 파악하면 전체

5장 천천히 깊이 읽기 - 정독의 중요성

구조를 이해하는 데 도움이 됩니다. 특히 소설에서는 이런 변화가 인물의 심리나 사건 전개와 밀접한 관련이 있습니다.

감정의 흐름을 읽는 것도 중요합니다. 글의 분위기가 밝은 톤에서 어두운 톤으로 변하거나, 긴장감이 고조되다가 해소되는 변화를 느끼며 읽으면, 작가가 전달하려는 감정적 메시지를 더 잘 이해할 수 있습니다.

글의 목적을 생각하며 읽기

마지막으로, 글 전체의 목적을 염두에 두고 읽는 것이 중요합니다. 이 글이 정보를 전달하려는지, 설득하려는지, 즐거움을 주려는지에 따라 같은 문장도 다르게 해석될 수 있습니다. 전체적인 맥락 속에서 각 부분이 어떤 역할을 하는지 생각하며 읽으면, 훨씬 더 깊이 있는 독서가 가능합니다.

5.4. 중요한 부분 표시하며 읽기

책을 읽다 보면 유독 마음에 콕 와닿거나, '아하!' 싶은 문장들을 만나게 되죠. 이런 문장들을 그냥 지나치기 아쉽다면, 살짝 표시를 해두는 건 어떨까요? 밑줄을 긋거나, 좋아하는 색깔의 펜으로 동그라미를 치거나, 작은 메모지를 붙여두는 것만으로도 그 부분

5장 천천히 깊이 읽기 - 정독의 중요성

은 특별한 흔적으로 남게 됩니다.

이렇게 나만의 표시를 해두면, 나중에 책을 다시 펼쳤을 때 그 표시들이 마치 보물 지도의 표식처럼 중요한 내용을 떠올리게 하고, 그때의 생각과 느낌을 생생하게 되살려 줄 것입니다.

나만의 표시 체계 만들기

표시를 할 때는 나만의 체계를 만들어보는 것도 좋은 방법입니다. 예를 들어, 중요한 정보는 형광펜으로, 감동적인 문장은 빨간 펜으로, 의문이 드는 부분은 연필로 물음표를 그려두는 식으로 말이죠. 이렇게 색깔이나 기호별로 의미를 부여해두면, 나중에 어떤 종류의 내용인지 한눈에 파악할 수 있습니다.

책 여백에 간단한 메모를 남기는 것도 적극 추천합니다. 그 문장을 읽으며 떠오른 생각, 비슷한 경험, 다른 책에서 읽은 관련 내용 등을 적어두세요. 이런 메모들은 단순히 책의 내용을 기억하는 것을 넘어, 여러분의 사고를 확장시키고 창의적인 연결고리를 만드는 데 도움을 줍니다.

디지털과 아날로그의 조화

디지털 시대에는 전자책에서도 하이라이트와 메모 기능을 활용할 수 있습니다. 표시한 부분들을 한 번에 모아서 볼 수 있고, 검색도 가능하다는 장점이 있죠. 하지만 손으로 직접 쓰고 그리는 행위 자체가 기억에 도움이 된다는 연구 결과도 있으니, 가능하다면 종

5.4. 중요한 부분 표시하며 읽기

이책에 직접 표시하는 경험도 놓치지 마세요.

중요한 것은 너무 많은 부분에 표시를 하면 오히려 정말 중요한 부분이 묻혀버릴 수 있다는 점입니다. 진짜 핵심적인 내용, 깊은 통찰을 주는 문장, 나에게 특별한 의미가 있는 부분에만 선별적으로 표시하는 지혜가 필요합니다.

표시한 흔적 되돌아보기

표시한 부분들을 주기적으로 다시 읽어보는 것도 잊지 마세요. 책을 다 읽은 후 표시한 부분들만 훑어보면, 그 책의 핵심을 빠르게 복습할 수 있습니다. 시간이 지난 후 다시 읽으면, 예전에는 중요하게 생각했던 부분이 이제는 다르게 느껴지거나, 새로운 의미를 발견하게 되는 경우도 많아요. 이런 변화를 관찰하는 것도 독서의 또 다른 즐거움입니다.

5장 천천히 깊이 읽기 - 정독의 중요성

마무리

정독은 단순히 천천히 읽는 것이 아니라, 책과 진정한 대화를 나누는 방법입니다. 문장 하나하나를 음미하고, 모르는 것을 찾아가며 배우고, 전체적인 맥락을 파악하며 읽는 이 모든 과정이 깊이 있는 독서 경험을 만들어냅니다.

빠르게 많이 읽는 것도 필요하지만, 진짜 좋은 책을 만났을 때는 정독하며 그 책이 담고 있는 모든 보물을 발견해보세요. 작가가 공들여 선택한 단어 하나에도 특별한 의미가 담겨 있을 수 있습니다.

6장
빠르게 핵심 파악하기
- 속독의 기술

정독으로 깊이 있는 이해의 기반을 다졌다면, 이제 효율적으로 많은 정보를 빠르게 처리하는 속독 기술을 익혀볼 시간입니다. 속독은 단순히 빠르게 읽는 것이 아니라, 제한된 시간 안에 필요한 정보를 효과적으로 추출하는 전략적 독서법입니다.

현대 사회에서는 매일 엄청난 양의 정보가 쏟아집니다. 업무 관련 자료, 뉴스, 보고서, 학습 자료 등을 모두 정독으로 처리하기에는 시간이 부족합니다. 이때 속독 기술이 큰 도움이 됩니다. 속독은 적은 시간으로 많은 내용을 훑어보고 핵심을 파악하여, 어떤 부분을 정독해야 할지 판단하는 데 유용한 도구입니다.

6장 빠르게 핵심 파악하기 - 속독의 기술

6.1. 눈의 움직임 훈련하기

책을 더 빨리, 더 많이 읽고 싶다는 생각, 해본 적 있나요? 그렇다면 우리 눈부터 특별한 훈련을 시켜보는 건 어떨까요? 마치 운동선수가 반복 훈련으로 근육을 단련하듯, 우리의 눈도 훈련을 통해 더 빠르고 효율적으로 움직일 수 있습니다.

6.1. 눈의 움직임 훈련하기

눈의 움직임과 독서 속도의 관계

독서할 때 우리 눈은 연속적으로 움직이는 것이 아니라 '고정'과 '도약'을 반복합니다. 고정은 눈이 멈춰서 글자를 인식하는 순간이고, 도약은 다음 고정점으로 이동하는 빠른 움직임입니다. 일반적인 독자는 0.2-0.3초 동안 시선을 고정하며 한 번에 1-2개의 단어를 인식합니다. 반면 숙련된 독자는 고정 시간이 0.15-0.2초로 더 짧으면서도 한 번에 3-5개의 단어를 인식할 수 있죠. 이들은 더 큰 폭으로 도약하며 분당 고정 횟수는 줄어들지만 오히려 더 많은 정보를 처리합니다.

시야 확장의 과학적 원리

우리의 시야는 중심부와 주변부로 나뉩니다. 중심 시야는 약 2도 범위로 명확한 글자 인식이 가능하고, 주변 시야는 약 5도 범위에서 글자의 형태와 길이를 파악할 수 있습니다. 중심 시야만 사용하면 한 번에 1-2글자만 볼 수 있지만, 주변 시야까지 활용하면 5-7개 단어를 동시에 처리할 수 있게 됩니다.

구체적인 눈 움직임 훈련법

시야를 확장하기 위해서는 점 따라가기 연습이 효과적입니다. 종이에 일정한 간격으로 점을 찍고, 머리는 고정한 채 눈만 움직여 점을 순서대로 따라가는 것이죠. 점 간격을 점차 넓혀가며 시야 범위를 확장할 수 있습니다. 또한 숫자나 단어를 일렬로 배열하고 가

6장 빠르게 핵심 파악하기 - 속독의 기술

운데에 시선을 고정한 채 양쪽을 동시에 인식하는 연습도 도움이 됩니다.

도약 거리를 늘리려면 책에 세로선을 그어 시선 이동 지점을 표시하고, 그 지점에만 시선을 고정하며 읽는 연습을 해보세요. 선 간격을 점차 넓혀가면 자연스럽게 도약 거리가 늘어납니다. 메트로놈의 박자에 맞춰 시선을 이동하는 것도 리듬감 있는 시선 패턴을 만드는 데 효과적입니다.

읽던 부분으로 되돌아가는 역행을 줄이려면 손가락이나 펜으로 읽을 방향을 안내하거나, 읽은 부분을 카드로 가려 되돌아볼 수 없게 하는 방법을 사용해보세요. 이런 물리적 가이드가 앞으로만 진행하는 습관을 만들어줍니다.

6.2. 덩어리(의미군)로 읽는 연습

 책을 읽을 때 혹시 한 글자, 한 단어씩 또박또박 눈으로 따라가고 있나요? 그렇게 읽는 것도 꼼꼼함을 기르는 데 도움이 되지만, 조금 더 넓게 보는 연습을 하면 독서의 새로운 세계가 열릴 수 있습니다.

6장 빠르게 핵심 파악하기 - 속독의 기술

의미 단위 인식의 인지과학적 배경

바로 의미가 통하는 단어 묶음, 즉 '의미 덩어리'로 읽는 연습입니다. 대화할 때 단어 하나하나를 분석하며 듣지 않고, 문장 전체의 뜻을 자연스럽게 받아들이는 것과 비슷합니다.

인지심리학에서는 이를 '청킹(Chunking)'이라고 부릅니다. 개별 정보들을 의미 있는 단위로 묶어서 처리하는 인지 전략이죠. 우리 뇌는 한 번에 처리할 수 있는 정보량이 제한되어 있지만, 청킹을 통해 이 한계를 극복할 수 있습니다. 언어 처리에서는 음절이나 단어 단위뿐만 아니라 구나 절, 나아가 의미가 완결되는 단위로 정보를 처리하게 됩니다.

의미군 분류와 인식 방법

예를 들어 '나는 오늘 도서관에서 재미있는 책을 발견했다'라는 문장을 '나는/오늘/도서관에서/재미있는 책을/발견했다'처럼 의미 단위로 끊어 읽는 것이죠. 이때 주어부는 '학교 도서관의 사서선생님은'처럼 하나의 덩어리로, 술어부는 '매우 친절하게 설명해주셨다'처럼 행동이나 상태를 나타내는 부분으로 인식합니다.

의미군 인식 훈련 방법

이런 의미군을 인식하는 훈련은 단계적으로 진행하는 것이 좋습니다. 처음에는 짧은 문장에 슬래시(/)를 그어 의미 단위를 표시하는 연습부터 시작하세요. '나는/오늘/친구를/만났다'처럼 자연

6.2. 덩어리(의미군)로 읽는 연습

스럽게 끊어지는 지점을 찾는 것이죠. 익숙해지면 더 복잡한 문장으로 넘어가 '어제 읽은 책이/생각보다 어려웠지만/끝까지 읽어보니/많은 것을 배울 수 있었다'처럼 긴 문장도 의미 단위로 나눌 수 있게 됩니다.

언어별 특성과 실용적 전략

시각적으로 관련된 단어들을 박스로 묶어보는 것도 좋은 방법입니다. 한국어는 조사가 의미군을 구분하는 중요한 역할을 하고, 어순이 비교적 자유로우며 생략이 많아 맥락 의존도가 높습니다. 반면 영어는 명사구, 동사구 등 구조가 명확하고 어순이 고정적이어서 의미군 파악이 상대적으로 쉬운 편이죠.

실제로 읽을 때는 각 의미군에서 가장 중요한 핵심어를 중심으로 파악하고, 문장의 주어와 서술어라는 골격을 먼저 잡은 다음 수식 관계를 파악하는 것이 효과적입니다. 이렇게 읽으면 눈이 글자 위를 훨씬 부드럽고 빠르게 이동할 수 있을 뿐만 아니라, 내용 파악도 훨씬 수월해집니다.

6장 빠르게 핵심 파악하기 - 속독의 기술

6.3. 불필요한 반복 줄이기

    책을 읽다가 자신도 모르게 방금 읽은 문장으로 다시 돌아가고 있지는 않으신가요? 마치 익숙한 길인데도 불안해서 자꾸 뒤를 돌아보는 사람처럼 말입니다.

6.3. 불필요한 반복 줄이기

역행(Regression)의 원인과 문제점

물론 이해가 잘 안 되는 부분은 다시 읽어보는 것이 당연하지만, 습관적으로 같은 곳을 맴도는 것은 독서의 흐름을 방해하고 속도를 늦추는 원인이 됩니다.

역행의 주요 원인은 크게 세 가지로 나눌 수 있습니다.

첫째는 불안감과 확신 부족입니다. 내용을 제대로 이해했는지 확신이 서지 않거나 중요한 정보를 놓쳤을 수도 있다는 불안감, 그리고 완벽하게 이해하려는 과도한 욕구가 자꾸 뒤로 돌아가게 만듭니다.

둘째는 나쁜 독서 습관입니다. 어릴 때부터 형성된 습관적 되돌아보기나 집중력 부족으로 인한 놓침이 원인이 되기도 합니다.

셋째는 텍스트 자체의 난이도 문제입니다. 어려운 어휘나 복잡한 문장 구조, 배경지식 부족 등이 이해를 어렵게 만들어 자꾸 되돌아보게 됩니다.

이런 역행은 독서에 여러 부정적 영향을 미칩니다. 전체 독서 속도가 현저히 느려질 뿐만 아니라 앞으로 진행해야 할 내용에 집중하지 못하게 되고, 자연스러운 읽기 흐름이 끊어지면서 독서 능력에 대한 자신감까지 떨어뜨립니다.

효과적인 역행 감소 전략

역행을 줄이는 가장 직접적인 방법은 물리적으로 차단하는 것입니다. 카드나 종이로 읽은 부분을 가려서 되돌아갈 수 없게 하거

6장 빠르게 핵심 파악하기 - 속독의 기술

나, 검지손가락으로 읽을 위치를 안내하면서 항상 앞으로만 이동하도록 조절하세요.

심리적 접근도 중요합니다. "충분히 이해하고 있다"는 자신감을 갖고, 완벽하지 않아도 대략적 이해로 충분하다는 인식이 필요합니다. 읽기 전에 명확한 목적을 설정하고 세부 사항보다는 주요 메시지에 집중하며, 쉬운 책부터 시작해서 점차 난이도를 높여가세요.

기술적 훈련으로는 메트로놈의 박자에 맞춰 읽거나, 특정 분량을 정해진 시간 내에 읽는 시간 제한 훈련이 있습니다. 한 문단이나 페이지 단위로 설정해서 해당 구간 내에서는 절대 되돌아가지 않는 연습도 효과적입니다.

필요한 역행과 불필요한 역행 구분하기

모든 역행이 나쁜 것은 아닙니다. 핵심 개념을 놓쳤거나 논리적 연결고리가 끊어졌을 때는 되돌아가는 것이 필요합니다. 하지만 막연한 불안감으로 인한 재확인이나 이미 이해한 내용을 반복해서 읽는 것은 불필요한 역행입니다.

대안적 전략으로는 중요한 내용을 간단히 메모하면서 앞으로 진행하거나, 이해되지 않는 부분을 질문으로 기록해두고 전체 읽기 완료 후 해결하는 방법이 있습니다. 부분적으로 이해되지 않아도 전체 맥락에서 파악하려고 노력해보세요.

6.4. 상황에 따른 속도 조절

음악을 감상해보면, 모든 곡의 빠르기가 다른 걸 느껴볼 수 있습니다. 신나는 댄스곡은 몸을 들썩이며 빠르게, 감미로운 발라드는 천천히 음미하며 듣는 것처럼요. 독서도 마찬가지입니다.

6장 빠르게 핵심 파악하기 - 속독의 기술

적응적 독서 속도의 중요성

모든 책, 모든 부분을 똑같은 속도로 읽어야 하는 건 아닙니다. 효과적인 독서는 내용의 성격, 읽는 목적, 개인의 배경지식, 시간적 여건 등을 종합적으로 고려하여 최적의 속도를 선택하는 것입니다.

우리 뇌의 작업 기억 용량은 제한되어 있어 복잡한 내용일수록 더 천천히 읽어야 충분한 이해가 가능합니다. 또한 이미 알고 있는 분야는 빠르게 읽을 수 있지만, 새로운 분야는 새로운 지식을 구축해야 하므로 더 많은 시간이 필요합니다.

목적별 속도 조절 전략

탐색적 읽기는 분당 800-1500단어 속도로 특정 정보나 키워드를 찾는 것입니다. 훑어보기는 분당 400-700단어 속도로 전체적인 내용과 구조를 파악합니다. 빠른 읽기는 분당 300-500단어 속도로 업무 관련 자료나 학습용 교재를 읽을 때 적합합니다. 보통 읽기는 분당 200-300단어 속도로 일반적인 소설이나 교양서를 읽을 때 사용하며, 정독은 분당 100-200단어 속도로 전문서나 학술 논문을 읽을 때 필요합니다.

6.4. 상황에 따른 속도 조절

개인적 요인에 따른 조절

익숙한 분야는 빠른 속도로 시작하고, 새로운 분야는 천천히 시작하여 점차 속도를 향상시키는 것이 좋습니다. 집중력이 높을 때는 어려운 내용도 빠르게 읽을 수 있지만, 피로한 상태에서는 전체적으로 속도를 늦춰야 합니다.

읽는 과정에서 같은 문장을 여러 번 읽고 있거나 앞 내용과의 연결이 안 될 때는 속도를 늦추고, 반대로 이미 이해한 개념의 반복이 나올 때는 속도를 높여 핵심만 파악하면 됩니다. 이미 잘 아는 내용은 빠르게 읽어도 괜찮지만, 새롭거나 중요한 개념을 만났을 때는 천천히, 꼼꼼하게 읽어야 그 의미를 제대로 잡을 수 있습니다. 상황에 맞게 독서 속도를 자유자재로 조절하는 능력이 바로 효율적인 독서의 숨은 비법입니다..

6장 빠르게 핵심 파악하기 - 속독의 기술

마무리

속독은 단순히 빠르게 읽는 기술이 아니라, 효율적으로 정보를 처리하고 상황에 맞는 최적의 읽기 전략을 선택하는 능력입니다.

중요한 것은 속독과 정독이 대립하는 관계가 아니라 상호 보완적인 관계라는 점입니다. 속독을 통해 전체적인 내용을 파악하고 중요한 부분을 식별한 후, 그 부분을 정독으로 깊이 있게 이해하는 것이 가장 효과적인 독서 방법입니다.

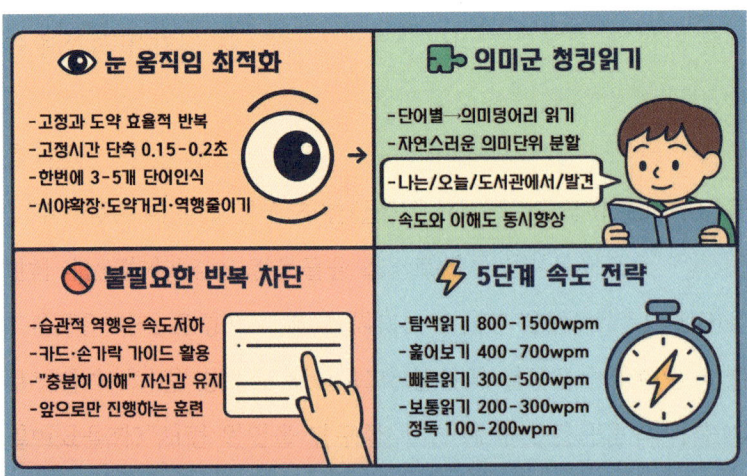

실전 연습: 속독 연습 방법

속독의 4가지 핵심 기술

1. **눈의 움직임 훈련** 한 번에 더 많은 단어를 보고 불필요한 움직임 줄이기

2. **덩어리(의미군)로 읽기** 하나의 의미 단위로 묶어 읽기

6장 빠르게 핵심 파악하기 - 속독의 기술

3. 불필요한 반복 줄이기 습관적인 되돌아보기 최소화
4. 상황별 속도 조절 내용의 난이도와 목적에 따라 유연하게 읽는 속도 조절

체계적인 속독 연습 방법

1. 손가락/펜으로 시선 유도

- **기초** 검지손가락을 글자 아래 위치시켜 읽는 속도에 맞춰 이동
- **중급** 속도를 점차 높이며 펜으로 정확한 가이드라인 짚어보기
- **고급** 줄 중간에 손가락 위치시켜 시야 확장, 점차 가이드 없이 읽기

2. 의미 덩어리로 읽기 (청킹)

단계별 연습

- **2-3단어** "나는 오늘 / 학교에 갔다"
- **4-5단어** "우리 학교 도서관에서 / 재미있는 책을 발견했다"
- **6-8단어** "지난주 토요일 오후에 가족들과 함께 / 공원에서 즐거운 시간을 보냈다"
- **추천 연습 자료** 신문 칼럼, 잡지 기사, 온라인 뉴스

3. 시야 넓히기 (주변시 활용)

중심점 고정 훈련 중앙 단어에 시선 고정, 주변의 단어들을 동시에 인식

dog
black dog
beautiful black dog

Z패턴 읽기 페이지를 지그재그로 빠르게 훑으며 전체 내용 파악하기

4. 속발음 제거하기

진단법 입술/혀 움직임, 목 진동 확인

제거 기법

- **물리적** 입에 펜 물기, 껌 씹으며 읽기
- **정신적** 간단한 숫자 세기나 멜로디 흥얼거리기
- **시각적** 단어를 이미지로 인식하는 연습

5. 시간 관리와 이해도 점검

포모도로 기법 25분 집중 읽기 + 5분 휴식 및 내용 정리

이해도 점검

- **5W1H 요약** 누가, 무엇을, 언제, 어디서, 왜, 어떻게
- 즉시 요약(1분) → 지연 요약(10분 후) → 비교 분석
- 핵심 키워드 5-10개 추출 후 내용 재구성

6장 빠르게 핵심 파악하기 - 속독의 기술

4주 훈련 스케줄
- **1주차** 하루 15분, 눈 움직임 훈련 (10% 속도 향상)
- **2주차** 하루 20분, 청킹 연습 (자연스러운 덩어리 읽기)
- **3주차** 하루 25분, 시야 확장과 속발음 제거 (30% 속도 향상)
- **4주차** 하루 30분, 모든 기법 종합 (속도와 이해도 균형)

문제 해결
- **이해도가 떨어짐** 속도를 늦추고 쉬운 내용부터 재시작
- **집중력 부족** 연습 시간 분할, 흥미로운 내용 선택
- **기존 습관으로 회귀** 작은 성공 경험, 꾸준한 의식적 노력

자가 진단 체크리스트
☐ 눈의 움직임이 효율적인가?
☐ 의미 덩어리로 읽고 있는가?
☐ 불필요한 되돌아보기가 줄었는가?
☐ 속발음이 현저히 줄었는가?
☐ 속도와 이해도가 균형을 이루는가?

속독의 핵심은 단순한 속도 향상이 아닌, 효율적이고 효과적인 독서 능력을 기르는 것입니다. 매일 꾸준히 연습하되, 재미있는 책으로 시작하여 부담을 줄이세요.

실전 연습: 속독 연습 방법

7장
비판적으로 생각하며 읽기
- 질문하고 분석하기

―――

현대는 '정보 폭발'의 시대입니다. 매일 쏟아지는 정보 속에서 진실과 거짓, 유용한 것과 그렇지 않은 것을 구별하는 능력이 필수가 되었습니다. 이런 상황에서 비판적 독서는 현대인이 갖춰야 할 필수 소양입니다.

비판적 독서란 글의 정보나 주장을 무조건 수용하지 않고, 합리적 의심과 체계적 분석을 통해 타당성을 검증하는 독서 방법입니다. 이는 저자를 불신하기 위함이 아니라 더 깊고 정확한 이해에 도달하기 위한 지적 태도입니다.

핵심은 능동적 사고입니다. 수동적으로 정보를 받아들이는 대신 끊임없이 질문하고, 근거를 따져보며, 다양한 가능성을 탐색합니다. 이를 통해 우리는 단순한 정보 소비자가 아닌 지혜로운 지식 창조자가 될 수 있습니다.

7장 비판적으로 생각하며 읽기 - 질문하고 분석하기

7.1. 내용의 사실 여부 확인하기

 책을 읽을 때 우리는 탐험가처럼 정보의 숲을 헤쳐나가며 '이 이정표가 정말 정확한가?'하고 살펴보는 안목이 필요합니다. 무작정 믿기보다 '정말 그럴까?'라는 질문을 품는 순간, 더 깊고 올바른 이해로 나아가는 첫걸음을 떼는 셈이죠.

7.1. 내용의 사실 여부 확인하기

정보의 신뢰성을 평가하는 기준

먼저 정보의 출처를 구분해 보겠습니다. 1차 정보는 직접적인 경험이나 관찰에 기반한 원본 문서, 실험 데이터, 목격자 증언 같은 것들입니다. 2차 정보는 이런 1차 정보를 해석하거나 분석한 교과서, 백과사전, 언론 보도 등이죠. 3차 정보는 2차 정보를 다시 요약하거나 편집한 일반 참고서나 위키피디아 같은 것들입니다. 정보가 원천에서 멀어질수록 왜곡될 가능성이 커진다는 점을 기억하시면 좋습니다.

출처의 권위성도 중요합니다. 저자가 해당 분야의 전문성을 갖추고 있는지, 관련 연구 경력과 실무 경험이 있는지 확인해 보세요. 출판사의 신뢰도도 살펴보시기 바랍니다. 학술 출판사인지 상업 출판사인지, 팩트체킹 시스템이 있는지 등을 고려하면 됩니다. 또한 정보의 최신성도 놓치지 마세요. 특히 빠르게 변하는 분야라면 발행 시기가 더욱 중요합니다.

사실 확인을 위한 구체적 방법

교차 검증은 가장 기본적이면서도 효과적인 방법입니다. 같은 주제에 대한 여러 책이나 자료를 비교하고, 서로 다른 관점의 저자들 의견을 대조해 보세요. 원본 확인도 중요합니다. 인용된 자료의 원문을 직접 찾아보고, 통계나 데이터의 원본 출처를 추적해 보세요. 팩트체킹을 위해서는 디지털 도구를 활용할 수 있습니다. 전문 사이트나 학술 데이터베이스, 정부 기관의 공식 통계 사이트를 이용하면 됩니다. 논리적 일관성도 검토해야 합니다. 같은 저자의 주장 간에 모순이 없는지, 제시된 근거와 결론이 적절하게 연결되는지 살펴보세요.

허위 정보와 편향을 탐지하는 방법

허위 정보는 여러 형태로 나타납니다. 선택적 제시나 조작, 극단적 사례의 일반화 같은 과장과 왜곡이 있을 수 있습니다. 전문가 행세를 하거나 존재하지 않는 연구를 인용하는 가짜 권위도 주의해야 합니다. 원인과 결과를 혼동하거나 상관관계를 인과관계로 오해하는 논리적 허점도 흔히 발견됩니다.

우리 자신의 편향도 인식해야 합니다. 특히 확증 편향은 자신의 기존 믿음을 확인해주는 정보만 선택하고 반대 증거는 무시하게 만듭니다. 이를 극복하려면 의식적으로 반대 의견을 찾아보고, 더 다양한 자료를 탐색해 보세요.

7.2. 저자의 의도 파악하기

우리가 누군가와 대화를 나눌 때, 단순히 내용뿐만 아니라 그 사람의 표정이나 말투를 통해 "왜 저런 말을 할까?" 하고 속마음을 헤아리려 할 때가 있죠? 독서도 마찬가지입니다. 글자를 넘어, 그 속에 담긴 작가의 마음, 즉 '의도'를 읽어내는 것이 중요합니다.

7장 비판적으로 생각하며 읽기 - 질문하고 분석하기

의도 파악의 중요성과 방법

마치 영화감독이 앵글 하나, 배우의 대사 한마디에도 특별한 의미를 담듯, 글쓴이도 단어 하나, 문장 하나를 그냥 쓰진 않습니다.

의도의 다층적 구조

저자의 의도는 여러 층위로 나타납니다. 표면적 의도는 서문이나 결론에서 명확하게 드러나는 것들입니다. 하지만 숨겨진 의도도 있습니다. 사례나 예시를 통해 암시하거나, 특정 감정을 이끌어내려는 시도가 그것이죠. 더 나아가 저자조차 의식하지 못한 무의식적 의도도 있습니다. 문화적 배경에서 오는 암묵적 전제나 개인적 경험의 무의식적 반영이 이에 해당합니다.

의도 파악을 위한 단서들

언어적 단서를 통해 의도를 읽을 수 있습니다. 격식적인지 친근한지, 감정적인지 객관적인지 같은 어조와 문체를 살펴보세요. 단어 선택도 중요합니다. 긍정적 어휘를 쓰는지 부정적 어휘를 쓰는지, 전문 용어를 쓰는지 일반 용어를 쓰는지, 반복되는 키워드는 무엇인지 관찰하면 됩니다. 문장 구조에서도 단서를 찾을 수 있습니다. 능동형과 피동형의 사용, 수사 의문문의 빈도 등이 저자의 의도를 암시합니다.

그렇다면 저자는 왜 이 이야기를 우리에게 들려주고 싶었을까요? 무엇을 느끼거나 생각하게 만들고 싶었을까요?

7.2. 저자의 의도 파악하기

목적별 의도 분류

저자의 의도는 크게 네 가지로 분류할 수 있습니다. 정보 전달형은 객관적 사실이나 새로운 발견을 공유하려는 것입니다. 설득형은 특정 견해로 독자를 유도하거나 행동 변화를 요구하는 것이죠. 감정형은 독자의 공감을 유발하거나 특정 감정 상태로 이끄는 것입니다. 오락형은 재미와 즐거움을 제공하거나 호기심을 자극하려는 의도입니다.

때로는 우리를 설득하려 할 수도 있고, 어떤 문제에 대해 함께 고민하자고 손을 내밀 수도 있으며, 그저 잔잔한 감동이나 즐거움을 선물하고 싶었을 수도 있습니다.

의도 파악을 위한 분석 기법

구조적 분석을 통해 의도를 파악할 수 있습니다. 주장-근거-결론의 흐름을 분석하고, 중요한 내용이 어디에 배치되었는지, 어떤 예시를 선택했는지 살펴보세요. 생략되거나 축소된 부분도 의미가 있습니다.

맥락적 분석도 필요합니다. 저자의 개인적 경험, 전문 분야, 사회적 지위를 고려하고, 집필 당시의 시대적 상황과 사회적 이슈를 이해해야 합니다. 숨은 그림 찾기처럼 글 속에 숨겨진 저자의 진짜 목소리를 찾아내는 과정이라고 생각해보세요.

7장 비판적으로 생각하며 읽기 - 질문하고 분석하기

의도 파악 시 주의사항

과도한 해석은 경계해야 합니다. 저자가 의도하지 않은 의미를 부여하거나 명확한 근거 없이 억측하는 것은 피하세요. 동시에 하나의 글에 여러 의도가 공존할 수 있다는 점도 인정해야 합니다. 표면적 의도와 숨겨진 의도가 때로는 갈등할 수도 있습니다.

저자의 의도를 파악하면, 마치 비밀 코드를 해독한 것처럼 글의 의미가 더욱 선명하고 깊이 있게 다가올 것입니다.

7.3. 논리적 오류 찾아내기

글을 읽다 보면, 저자의 주장이 굉장히 그럴듯하게 들릴 때가 있습니다. 하지만 그 주장을 보다보면, 때로는 기대와 다르거나 논리적으로 어딘가 어긋나는 부분을 발견할 수 있습니다. 이것이 바로 '논리적 오류'라는, 주의 깊게 살펴봐야 할 지점입니다.

7장 비판적으로 생각하며 읽기 - 질문하고 분석하기

논리적 오류의 정의와 종류

논리적 오류는 크게 형식적 오류와 비형식적 오류로 나뉩니다. 형식적 오류는 삼단논법이나 조건문의 구조 자체에 문제가 있는 경우입니다. 예를 들어 "A이면 B다. 따라서 A다"라는 후건 긍정의 오류가 대표적입니다.

비형식적 오류는 일상에서 더 자주 만나게 됩니다. 성급한 일반화는 소수의 사례로 전체를 판단하는 오류입니다. 거짓 딜레마는 복잡한 문제를 두 개의 극단적 선택지로만 제시하며 중간 지대를 무시합니다. 인신공격은 주장 자체가 아닌 주장하는 사람을 공격하여 논점을 흐리는 방법이죠.

예를 들어, 어떤 책에서 "과거 위대한 작가들은 모두 새벽에 글을 썼다. 그러므로 당신도 반드시 새벽에 일어나야 한다"라는 주장을 펼친다고 생각해 봅시다. 이것은 논리적으로 타당할까요?

구체적인 오류 유형별 분석

원인과 결과의 혼동은 매우 흔한 오류입니다. 특히 상관관계를 인과관계로 착각하는 경우가 많습니다. 동시에 일어나는 현상이라고 해서 한쪽이 다른 쪽의 원인은 아닙니다. 권위에 의한 오류도 자주 나타납니다. 해당 분야 전문가가 아닌 사람의 의견을 근거로 삼거나, "많은 사람이 믿으므로 참이다"라는 다수에 의한 호소가 대표적입니다. 감정에 호소하는 오류는 공포나 동정심을 유발하여 논리적 판단을 흐리게 만듭니다.

7.3. 논리적 오류 찾아내기

논리적 오류 탐지 방법

체계적으로 논리적 오류를 찾아내봅시다.

1. 주장과 근거 분리 핵심 주장을 명확히 파악하고, 이를 뒷받침하는 근거 및 숨겨진 전제나 가정을 정리합니다.

2. 근거의 타당성 검토 제시된 근거가 사실인지 확인하고, 반대 근거나 예외 사례를 고려합니다.

3. 논리적 연결 검증 근거에서 결론으로 가는 과정에 논리적 비약은 없는지, 다른 설명 가능성은 없는지 검토합니다.

특히 확률과 통계의 오용을 주의하세요. 표본 크기를 무시하거나 생존자 편향에 빠지기 쉽습니다. 애매한 용어를 다의적으로 사용하거나 논점을 흐리는 경우도 경계해야 합니다.

이렇게 성급하게 결론을 내리거나 관련 없는 근거를 제시하는 등의 오류를 찾아내는 연습은, 우리가 글의 내용을 무작정 수용하지 않고 한층 더 분석적이고 비판적으로 독서하는 데 중요한 역할을 합니다. 마치 숨은 함정을 찾아내듯 논리의 빈틈을 발견하는 재미도 느껴보세요!

7장 비판적으로 생각하며 읽기 - 질문하고 분석하기

7.4. 다양한 관점에서 생각해보기

 우리가 영화를 볼 때, 카메라가 어떤 각도에서 장면을 비추느냐에 따라 느껴지는 감정이나 분위기가 사뭇 달라지곤 하죠? 때로는 주인공의 시선으로, 때로는 전혀 예상치 못한 인물의 눈으로 사건을 바라볼 때 이야기의 숨겨진 면모가 드러나기도 합니다.

7.4. 다양한 관점에서 생각해보기

독서도 마찬가지입니다. 책 속의 이야기나 주장을 접했을 때, '만약 내가 이 등장인물이었다면 어땠을까?' 또는 '이 사건을 다른 시대, 다른 문화권의 사람이 본다면 어떻게 생각할까?' 하고 질문을 던져보는 것입니다.

관점의 다층적 구조

관점은 여러 층위로 나뉩니다. 개인적 관점은 나이, 성별, 직업, 개인의 경험과 가치관에 따라 달라집니다. 사회적 관점은 계층이나 지역, 종교나 이념에 따른 차이를 반영합니다. 시대적 관점은 역사적 맥락과 당시의 지식 수준, 미래 세대가 볼 현재의 한계를 포함합니다. 문화적 관점은 동서양의 사고방식 차이나 언어와 표현 방식의 다양성을 보여줍니다.

관점 전환을 위한 구체적 방법

역할 바꾸기는 효과적인 방법입니다. 주인공과 조연의 입장을 바꿔보거나, 가해자와 피해자의 관점을 교환해 보세요. 현재 사건을 과거 시대에 적용하거나, 미래 관점에서 현재 문제를 조망하는 시대 전환 연습도 유용합니다.

예를 들어, 모두가 영웅이라고 칭송하는 인물에 대한 책을 읽을 때, 혹시 그 영웅 때문에 피해를 본 사람은 없었을지, 그 시대의 다른 가치관으로는 그의 행동이 어떻게 평가될 수 있을지 상상해보는 거죠.

7장 비판적으로 생각하며 읽기 - 질문하고 분석하기

비판적 질문 생성 기법

소크라테스식 질문법을 활용하여 사고를 확장해보세요.

명확화 질문 "그것이 정확히 무엇을 의미하는가?"
"구체적인 예를 들어줄 수 있는가?"

가정 탐구 질문 "어떤 가정에 기반하고 있는가?"
"만약 그 가정이 틀렸다면?"

증거와 근거 질문 "그 주장을 뒷받침하는 증거는 무엇인가?"
"반대 증거는 어떻게 설명할 것인가?"

관점과 시각 질문 "다른 사람들은 어떻게 볼까?"
"누가 이익을 보고 누가 손해를 볼까?"

함의와 결과 질문 "이것이 사실이라면 어떤 결과가 따를까?"
"예상치 못한 부작용은 없을까?"

관점 확장을 위한 실용적 도구

에드워드 드 보노의 6색깔 모자 기법은 다양한 관점을 체계적으로 적용하는 데 도움이 됩니다. 흰색 모자는 객관적 사실에, 빨간색은 감정과 직감에, 검은색은 비판과 주의에, 노란색은 긍정과 이익에, 초록색은 창의와 대안에, 파란색은 전체적인 조정에 초점을 맞춥니다.

서구의 개인주의와 동양의 집단주의, 분석적 사고와 전체적 사고의 차이를 고려해보세요. 세대별로도 기성세대의 안정 추구와 젊은 세대의 변화 지향, 미래 세대의 지속가능성 역시 다릅니다.

7.4. 다양한 관점에서 생각해보기

실전 연습 방법

단계별로 관점을 확장해 보세요. 먼저 저자의 기본 관점을 파악하고, 정반대 입장에서 해석을 시도합니다. 그다음 양극단 사이의 중간 지대를 모색하고, 마지막으로 기존과 완전히 다른 창의적 관점을 개발합니다.

독서 토론에 참여하거나 온라인 커뮤니티를 활용하면 다양한 배경의 사람들과 의견을 교환할 수 있습니다. 전문가 의견을 참조하여 학술적 논쟁이나 시대별 변화도 살펴보세요.

생각의 그릇이 넓어지고, 더 깊이 있는 공감과 이해에 다다를 수 있게 됩니다. 한쪽 면만 보고 섣불리 판단하기보다, 다양한 빛깔로 세상을 읽어내는 멋진 독서가가 되어 보세요.

관점 확장의 한계와 주의점

모든 관점이 동등하다는 극단적 상대주의는 피해야 합니다. 사실과 의견, 근거와 추측은 구분되어야 하며, 도덕적 기준도 필요합니다. 지나친 분석으로 판단이 마비되지 않도록 실용적 결론 도출도 중요합니다. 관점 확장 과정에서 새로운 편견이 생기거나 특정 집단에 대한 고정관념이 강화되지 않도록 주의하세요.

7장 비판적으로 생각하며 읽기 - 질문하고 분석하기

마무리

비판적 독서는 더 깊이 있고 정확한 이해에 도달하기 위한 과정입니다. 내용의 사실 여부를 확인하고, 저자의 의도를 파악하며, 논리적 오류를 찾아내고, 다양한 관점에서 생각해보는 과정을 통해 우리는 능동적 지식 창조자가 될 수 있습니다.

중요한 것은 비판적 사고와 열린 마음 사이의 균형입니다. 무조건적인 수용도, 거부도 바람직하지 않습니다. 합리적 의심과 건설적 비판을 통해 진리에 더 가까이 다가가려는 자세가 필요합니다.

마무리

8장
구조를 파악하며 읽기
- 책의 얼개 이해하기

건축가가 먼저 설계도를 그리듯이, 글쓴이도 자신의 생각을 전달하기 위해 체계적인 구조를 설계합니다. 이 구조를 파악하며 읽는 것은 단순히 내용을 이해하는 것을 넘어, 저자의 사고 과정과 논리적 흐름을 따라가는 지적 모험입니다.

구조적 독서는 나무와 숲을 동시에 보는 능력을 기릅니다. 개별 문장이나 문단의 세부 내용을 놓치지 않으면서도, 전체적인 맥락과 흐름을 파악하는 것입니다. 이런 능력은 특히 복잡하고 긴 글을 읽을 때 그 진가를 발휘합니다.

좋은 글은 명확한 구조를 가지고 있습니다. 마치 잘 설계된 건물처럼 각 부분이 유기적으로 연결되어 전체적인 조화를 이루죠. 이런 구조를 이해하면 독서 효율성이 크게 향상될 뿐만 아니라, 깊은 의미와 저자의 의도까지 파악할 수 있게 됩니다.

8장 구조를 파악하며 읽기 - 책의 얼개 이해하기

8.1. 중심 내용과 뒷받침 내용 구분하기

　글을 읽을 때 가장 중요한 것은 중심 내용과 뒷받침 내용을 구분하는 능력입니다. 중심 내용은 글 전체를 관통하는 핵심 메시지로, 저자가 가장 강조하고 싶은 주장이나 생각입니다. 모든 뒷받침 내용들이 이 중심축으로 수렴합니다.

8.1. 중심 내용과 뒷받침 내용 구분하기

중심 내용의 위치 패턴

중심 내용은 글의 구조에 따라 다양한 위치에 나타납니다. 연역적 구조에서는 글의 시작 부분에 중심 내용을 제시하고 구체적인 근거로 뒷받침합니다. 논문이나 설득문에서 주로 사용되죠. 반면, 귀납적 구조는 구체적 사례들을 먼저 제시하고 마지막에 종합적 결론으로 중심 내용을 도출합니다.

순환적 구조는 처음과 끝에서 중심 내용을 반복 강조하여 강력한 인상을 남깁니다. 분산적 구조는 여러 부분에 중심 내용을 분산 배치하여 복합적인 주제를 다룰 때 효과적입니다.

중심 내용 식별을 위한 신호어들

저자들은 중심 내용을 알리는 특별한 신호를 보냅니다. "가장 중요한 것은", "핵심은", "요약하면", "결론적으로" 같은 강조 표현이 대표적입니다. 같은 내용을 다른 방식으로 반복하거나 동의어로 재강조하는 것도 주목해야 합니다. "문제는", "해결책은" 같은 문제 제기와 해답 형식도 중심 내용을 나타내는 신호입니다.

뒷받침 내용의 유형과 기능

뒷받침 내용은 크게 세 가지로 분류됩니다. 첫째, 증거와 근거로는 통계와 데이터, 전문가 의견, 역사적 사례 등이 있습니다. 이들은 객관적 설득력을 높여줍니다. 둘째, 예시와 구체화는 추상적 개념을 이해하기 쉽게 만들어줍니다. 구체적 사례, 비유와 은유,

8장 구조를 파악하며 읽기 - 책의 얼개 이해하기

가상의 시나리오 등이 여기에 속합니다. 셋째, 부연 설명과 정의는 개념을 명확히 하고 배경 정보를 제공하여 독자의 이해를 돕습니다.

중심 내용과 뒷받침 내용 구분 연습법

전체 훑어보기 제목, 첫 문단, 마지막 문단을 확인하고 반복되는 내용을 파악합니다.

문단별 핵심 파악 각 문단의 주제문을 찾고 문단 간 연결 관계를 이해합니다.

계층적 구조 만들기 대주제-중주제-소주제로 분류하여 전체 구조를 파악합니다.

요약과 정리 중심 내용을 한 문장으로 요약하고 주요 뒷받침 내용을 정리합니다.

실용적인 방법으로는 하이라이팅 시스템을 활용할 수 있습니다. 중심 내용은 노란색, 주요 뒷받침 내용은 파란색, 예시는 초록색으로 표시하는 식입니다. 또는 기호를 사용하여 ★는 핵심 중심 내용, ●는 주요 뒷받침 내용으로 표시하는 것도 좋습니다.

이렇게 중심 내용과 뒷받침 내용을 잘 구분해내면, 마치 숲 전체를 보면서 동시에 아름다운 나무 하나하나를 감상하는 것처럼 글의 핵심을 놓치지 않고 글쓴이가 정말 하고 싶은 이야기가 무엇인지 명확하게 이해할 수 있습니다.

8.2. 문단 간의 관계 파악하기

책을 읽을 때, 문단들은 단순히 나열된 정보 덩어리가 아닙니다. 마치 잘 짜인 옷감의 씨실과 날실처럼, 혹은 탐험가의 지도 위에 표시된 여러 경유지들처럼 서로 긴밀하게 연결되어 있습니다.

8장 구조를 파악하며 읽기 - 책의 얼개 이해하기

문단 간 관계의 기본 유형

문단 간의 논리적 관계는 다양합니다. 원인과 결과 관계는 특정 현상의 원인을 제시하고 그 결과를 설명합니다. "때문에", "그래서", "따라서" 같은 신호어가 단서입니다. 문제와 해결 관계는 문제 상황을 제시한 후 해결 방안을 제안하며, 주장과 근거 관계는 핵심 주장에 뒷받침 근거를 나열합니다. 일반과 구체 관계는 일반적 원칙에서 구체적 사례로, 또는 그 반대로 전개됩니다.

앞 문단에서 던져진 질문에 다음 문단이 답을 하기도 하고, 어떤 주장에 대한 근거를 제시하며 이야기를 탄탄하게 만들기도 하죠.

구조적 관계도 중요합니다. 순서와 과정은 "먼저", "다음에", "마지막으로" 같은 신호어로 시간 순서를 나타냅니다. 분류와 범주는 전체를 부분으로 나누어 설명하고, 비교와 대조는 유사점과 차이점을 분석합니다. 중요도 순서는 "가장 중요한", "특히", "무엇보다" 같은 표현으로 우선순위를 나타냅니다.

감정적 관계는 독자의 감정을 고려합니다. 공감과 호응을 통해 정서적 유대감을 형성하고, 전환과 변화로 분위기나 관점을 바꿉니다.

문단 관계 파악을 위한 단서들

연결어와 전환어는 관계를 알려주는 중요한 신호입니다.

순접 관계 "그리고", "또한", "더불어" 내용의 추가나 확장

역접 관계 "그러나", "하지만", "반면에" 대립이나 전환

8.2. 문단 간의 관계 파악하기

인과 관계 "따라서", "그러므로", "때문에" 원인과 결과 연결
예시 관계 "예를 들어", "가령", "즉" 구체화와 명확화

주제문의 위치도 문단 구조를 파악하는 단서가 됩니다. 문단 첫 문장에 있으면 연역적 전개, 마지막 문장에 있으면 귀납적 전개를 의미합니다. 핵심 키워드의 반복이나 동의어를 통한 변주도 주목해야 합니다.

문단 관계 분석 실습법

시각적 도식화는 효과적인 방법입니다. 플로우차트로 문단들을 박스로 표현하고 화살표로 관계를 표시하거나, 마인드맵으로 중심 주제와 관련 문단들을 가지로 연결할 수 있습니다. 매트릭스를 활용해 문단별 내용을 표로 정리하면 체계적 분석이 가능합니다.

문단 관계 분석을 위해 스스로에게 질문해 보세요. "이 문단은 앞 문단과 어떤 관계인가?", "이 문단의 역할은 무엇인가?", "문단의 순서를 바꾸면 어떻게 될까?" 같은 질문들이 도움이 됩니다.

마치 길을 안내하는 표지판을 따라가듯, 문단 간의 논리적인 흐름을 쫓아가다 보면 저자가 우리를 어디로 이끌고 있는지, 그 의도까지도 명확하게 읽어낼 수 있을 것입니다.

8.3. 논리 전개 방식 이해하기

 글을 읽다 보면, 작가들이 자신의 생각을 효과적으로 전달하기 위해 사용하는 특별한 '전략'들이 있습니다. 마치 훌륭한 셰프가 최고의 요리를 위해 다양한 조리법을 활용하는 것처럼 말이죠! 이것을 '논리 전개 방식'이라고 합니다.

8.3. 논리 전개 방식 이해하기

기본적인 논리 전개 방식들

예시를 통한 전개는 추상적 개념을 구체적 상황으로 설명합니다. 개인적 경험이나 역사적 사건, 통계나 연구 결과를 활용하여 독자의 이해도를 높입니다. 예시를 선택할 때는 대표성과 적절성, 균형성과 명확성을 고려해야 합니다.

비교를 통한 전개는 서로 다른 대상들 간의 공통점을 발견하여 패턴이나 법칙을 도출합니다. "마찬가지로", "유사하게", "~와 같이" 같은 신호어를 사용하며, 점대점 비교나 블록식 비교 방법을 활용합니다. 대조를 통한 전개는 차이점을 중심으로 각 대상의 특성을 명확히 하고 상대적 장단점을 구분합니다. "반면에", "그러나", "이와 달리" 같은 신호어가 특징입니다.

인과관계를 통한 전개는 어떤 현상의 '원인'과 그로 인한 '결과'를 연결 지어 설명합니다. 예를 들어 "꾸준한 독서는 어휘력을 향상시킨다(원인). 그래서 글쓰기 능력도 좋아진다(결과)"처럼요. 원인에서 결과로, 또는 결과에서 원인으로 전개할 수 있으며, 때로는 복합적 인과관계를 다루기도 합니다.

기타 논리 전개 방식들

정의를 통한 전개는 핵심 용어나 개념의 정확한 의미를 제시하여 오해를 방지합니다. 사전적 정의, 조작적 정의, 확장적 정의, 대조적 정의 등 다양한 유형이 있습니다. 분류를 통한 전개는 복잡한 대상을 명확한 기준으로 체계화하며, 상호 배타성과 전체 포괄성

8장 구조를 파악하며 읽기 - 책의 얼개 이해하기

의 원칙을 따릅니다.

과정 설명을 통한 전개는 시간 순서에 따라 단계별로 설명하며, 각 단계의 역할과 중요성을 강조합니다. 문제 해결을 통한 전개는 문제 상황을 제시하고 원인을 분석한 후 다양한 해결 방안을 검토하여 최적의 해결책을 제시합니다.

이런 다양한 전개 방식을 파악하면, 작가가 어떤 논리로 우리를 설득하고 이해시키려 하는지 그 생각의 길을 훨씬 분명하게 따라갈 수 있게 됩니다.

논리 전개 방식 분석을 위한 실용적 접근법

시간 순서 "먼저", "그 다음", "이어서", "마지막으로"
공간 순서 "여기서", "저기서", "위에", "아래에"
중요도 순서 "가장 중요한", "특히", "무엇보다"
논증과 반박 "주장하건대", "반박하자면", "결론적으로"

대부분의 실제 글에서는 여러 전개 방식이 복합적으로 사용됩니다. 예를 들어, 문제-해결 구조 안에서 원인-결과 분석을 하고, 비교-대조를 통해 해결책을 제시하는 경우가 많습니다.

전개 방식을 파악하기 위해서는 능동적으로 질문하며 읽어야 합니다. "이 부분에서 저자는 왜 예시를 사용했을까?", "비교와 대조를 통해 무엇을 강조하려는 걸까?" 같은 질문을 던져보세요. 구조를 도식화하거나 같은 주제를 다룬 다른 글과 비교 분석하는 것도 효과적인 방법입니다.

8.4. 도표, 그림 등 시각 자료 활용하기

 책을 읽다가 만나는 도표, 그래프, 사진이나 그림들! 혹시 그냥 '아, 그림이 있네' 하고 가볍게 지나치고 있지는 않나요? 잠깐! 이건 마치 글쓴이가 우리에게 건네는 특별한 '요약 노트'나 '비밀 지도'와 같습니다.

8장 구조를 파악하며 읽기 - 책의 얼개 이해하기

시각 자료의 기능과 중요성

 글로만 빼곡히 설명하면 자칫 복잡하고 어렵게 느껴질 수 있는 정보들을, 시각 자료들은 한눈에 명쾌하게 정리해서 보여줍니다. 복잡한 데이터를 간결하게 표현하고, 언어적 한계를 넘어선 직관적 이해를 가능하게 합니다. 또한 좌뇌와 우뇌를 균형적으로 활용하여 학습 효과를 증대시키고, 추상적 개념을 구체화합니다. 시각적 자극은 흥미를 유발하고 감정적 몰입을 도와 지루함을 방지하고 주의력을 유지시킵니다.

시각 자료의 유형별 특성과 활용법

 수치 데이터를 시각화하는 방법은 다양합니다. 표는 정확한 수치와 세부 정보를 체계적으로 배열하며, 행과 열의 제목, 단위와 기준을 파악한 후 주요 지표와 패턴을 분석합니다. 막대그래프는 범주별 비교에, 선그래프는 시간에 따른 변화 추이 표현에, 원그래프는 전체 대비 비율 표시에 적합합니다. 각 그래프를 볼 때는 축의 단위와 전체적인 경향을 파악하는 것이 중요합니다.

 다이어그램은 복잡한 관계를 단순화하여 논리적 흐름을 보여주고, 플로우차트는 과정을 단계별로 표현합니다. 지도는 공간적 관계를, 사진은 생생한 현실을 전달합니다. 예를 들어, 역사책의 세력 변화 지도나 과학책의 실험 과정 그림은 긴 설명보다 직관적으로 내용을 전달합니다.

8.4. 도표, 그림 등 시각 자료 활용하기

시각 자료와 본문의 통합적 이해

시각 자료와 본문은 상호 보완적입니다. 본문 내용을 시각 자료로 확인하거나, 시각 자료의 의미를 본문에서 구체화할 수 있습니다. 순환적 읽기(본문→시각 자료→재독)나 동시적 참조 방법이 효과적입니다.

시각 자료 해석 시 주의사항

비판적 관점이 중요합니다. 데이터는 축 조작이나 선택적 제시로 왜곡될 수 있고, 이미지에는 제작자의 의도가 반영됩니다. 제작 목적과 맥락을 고려하고, 단순화 과정에서 손실되는 정보가 있다는 한계를 인식해야 합니다.

실전 활용 가이드

전체 파악 시각 자료의 유형과 목적, 제목, 범례, 출처 확인
세부 분석 구체적 수치, 패턴, 경향, 특이점 발견
본문과 연결 관련 내용과 대조하여 추가 정보 발견
비판적 평가 신뢰성과 타당성 검토, 다른 해석 가능성 탐색

이런 자료들은 단순한 장식이 아니라, 글의 내용을 더 빠르고 깊이 있게, 그리고 오래 기억하도록 돕는 아주 고마운 조력자입니다. 그냥 지나치지 말고, 본문의 내용과 연결 지어 꼼꼼히 살펴보는 습관을 들여보세요! 글의 이해도가 한층 높아지는 경험을 하게 될 것입니다.

8장 구조를 파악하며 읽기 - 책의 얼개 이해하기

마무리

구조를 파악하며 읽는 능력은 독서의 질을 크게 향상시킵니다. 중심 내용과 뒷받침 내용을 구분하고, 문단 간의 관계를 파악하며, 논리 전개 방식을 이해하는 것은 글의 전체적인 의미를 깊이 있게 이해하기 위한 핵심 기술입니다.

또한 구조를 정확히 파악해야 허점이나 편향을 발견할 수 있고, 의도를 제대로 분석할 수 있습니다. 중요한 것은 이런 기술들을 글의 성격과 목적에 맞게 활용하는 것입니다.

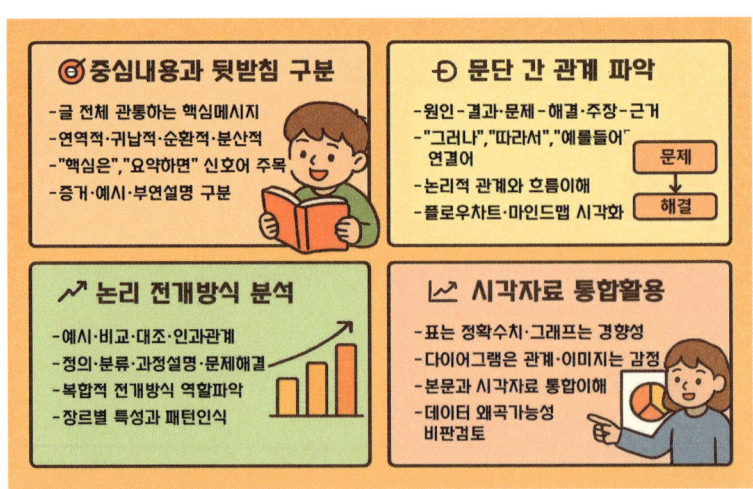

마무리

9장
다양한 독서 방법 활용하기

독서는 일률적인 활동이 아닙니다. 읽는 목적, 책의 성격, 개인의 상황, 시간적 여건 등에 따라 가장 효과적인 독서 방법이 달라집니다. 마치 요리사가 재료와 상황에 맞게 다양한 조리법을 선택하듯, 독서가도 상황에 맞는 최적의 독서 방법을 선택할 수 있어야 합니다.

이 장에서 소개하는 네 가지 독서 방법은 각각 고유한 장점과 특성을 가지고 있으며, 서로 배타적인 것이 아니라 상호 보완적인 관계에 있습니다.

현대 사회에서는 정보의 양이 기하급수적으로 증가하고 있으며, 동시에 우리에게 주어진 시간은 한정되어 있습니다. 이런 상황에서 효율적이고 전략적인 독서는 선택이 아닌 필수가 되었습니다.

9장 다양한 독서 방법 활용하기

9.1. 발췌 독서: 필요한 부분만 골라 읽기

우리가 거대한 도서관에 갔을 때, 그곳의 모든 책을 처음부터 끝까지 다 읽어야만 할까요? 물론 아니죠! 발췌 독서는 책 전체를 훑기보다는 지금 나에게 꼭 필요한 정보, 핵심적인 내용만을 골라 읽는 기술입니다.

9.1. 발췌 독서: 필요한 부분만 골라 읽기

발췌 독서의 정의와 특징

발췌 독서는 전체 텍스트 중에서 특정 목적에 부합하는 부분만을 선별하여 읽는 방법입니다. 이는 효율성과 목적 지향성을 최우선으로 하는 독서 전략으로, 현대 정보 사회에서 점점 더 중요해지고 있습니다. 제한된 시간 내에 최대한의 정보를 얻고자 할 때 가장 효과적이며, 전체를 읽는 데 걸리는 시간의 10-20%만으로도 필요한 정보의 80% 이상을 얻을 수 있습니다. 명확한 목적 의식이 선별 기준이 되어 효과적인 정보 필터링을 가능하게 합니다.

발췌 독서가 효과적인 상황들

특히 시험을 앞두고 특정 개념을 다시 확인해야 하거나, 보고서를 쓰기 위해 참고 자료를 빠르게 찾아야 할 때 이 방법은 정말 유용합니다. 학습 상황에서는 핵심 개념 복습이나 과제를 위한 자료 수집에, 업무 상황에서는 회의 자료 준비나 보고서 작성을 위한 근거 자료 탐색에 활용됩니다. 일상에서도 여행 가이드북에서 특정 지역 정보를 찾거나 요리책에서 레시피를 찾을 때 유용합니다. 연구나 전문 활동에서는 문헌 연구의 관련 부분만 추출하거나 최신 이론을 파악하는 데 효과적입니다.

효과적인 발췌 독서 전략

사전 준비가 중요합니다. 먼저 구체적인 질문이나 가설을 설정하여 목적을 명확히 하고, 찾고자 하는 정보의 유형과 범위를 결정

9장 다양한 독서 방법 활용하기

합니다. 핵심 개념이나 용어를 정리하고 동의어나 관련 용어도 함께 포함한 키워드 리스트를 작성합니다.

정보 탐색 도구를 적극 활용하세요. 목차를 훑어보며 필요한 챕터만 선택하거나, 책의 말미에 있는 색인을 활용해 원하는 키워드가 있는 페이지만 찾아 읽습니다.

훑어보기(Scanning) 특정 정보나 키워드를 빠르게 찾아 시선을 지그재그로 움직이며 검색

건너뛰기(Skipping) 관련 없는 섹션이나 이미 알고 있는 기본 정보는 빠르게 통과

부분 정독 관련 부분은 앞뒤 맥락을 고려하여 꼼꼼히 읽기

발췌 독서의 한계와 주의사항

발췌 독서는 정보의 파편화 위험이 있습니다. 전체 맥락에서 벗어난 부분적 이해로 인해 저자의 의도나 논리적 흐름을 놓칠 수 있습니다. 또한 기존 믿음을 확인하는 정보만 선택하는 편향된 정보 선택의 위험도 있으며, 표면적이고 피상적인 지식 습득으로 깊이 있는 이해가 부족할 수 있습니다.

이를 보완하기 위해서는 발췌한 부분의 앞뒤 내용을 간략히 확인하여 맥락을 파악하고, 여러 출처에서 같은 정보를 확인하는 다각도 검증이 필요합니다. 흥미로운 책이나 중요한 개념은 후에 완독하거나 심화 학습할 계획을 세우는 것도 좋습니다.

9.2. 통독: 처음부터 끝까지 전체 내용 파악하며 읽기

　새로운 영화를 처음 볼 때, 중간부터 보거나 결말만 살짝 엿보는 것보다 처음부터 끝까지 쭉 봐야 전체 이야기가 어떻게 흘러가고 감독이 무엇을 말하고 싶은지 제대로 알 수 있잖아요? 통독도 바로 그런 것입니다.

9장 다양한 독서 방법 활용하기

통독의 가치와 의미

통독은 저자가 의도한 완전한 경험을 제공합니다. 책은 하나의 유기체처럼 각 부분이 서로 연결되어 전체를 이루므로, 부분만 읽어서는 진정한 이해에 도달하기 어렵습니다. 개별 정보나 아이디어들이 전체 맥락 안에서 어떤 의미를 갖는지 파악할 수 있으며, 앞서 나온 내용이 뒤의 내용을 이해하는 열쇠가 되기도 합니다.

통독을 통해 독자는 저자가 설계한 사고의 여정을 완전히 따라갈 수 있습니다. 이는 저자의 논리적 전개, 감정적 기복, 창의적 발상 등을 온전히 경험하는 것을 의미합니다. 책의 첫인상부터 마지막 여운까지 함께하면, 글의 전체적인 줄거리나 작가가 전달하려는 핵심 생각, 그리고 글이 어떤 분위기로 흘러가는지 자연스럽게 파악할 수 있습니다.

통독이 특히 중요한 책들

문학 작품에서는 인물의 성장과 변화, 플롯의 전개, 주제 의식의 구현을 온전히 이해할 수 있습니다. 철학서와 사상서는 논리적 체계의 완성도를 파악하고 전제에서 결론까지의 논증 과정을 이해하는 데 통독이 필수적입니다. 역사서와 전기는 시간의 흐름에 따른 변화 과정과 원인-결과의 복합적 관계를 파악하기 위해, 과학서와 기술서는 기초 개념에서 고급 개념으로의 논리적 발전을 이해하기 위해 통독이 중요합니다.

9.2. 통독: 처음부터 끝까지 전체 내용 파악하며 읽기

통독의 효과적 진행 전략

준비 단계에서는 충분한 시간을 확보하고 기대감과 호기심을 조성합니다. 책의 분량과 난이도에 따른 소요 시간을 예측하고, 집중할 수 있는 환경과 시간대를 선택합니다.

1차 통독에서는 전체 흐름 파악에 집중합니다. 물론 처음부터 모든 세세한 내용까지 다 기억하려 애쓸 필요는 없습니다. 우선은 숲 전체를 조망하듯, 이야기의 큰 흐름과 맥락을 잡는 데 집중하는 것입니다. 2차 통독에서는 깊이 있는 이해를 추구합니다. 세부 사항을 재확인하고, 복잡한 개념이나 어려운 부분을 집중 분석합니다. 저자의 주장을 비판적으로 검토하고, 다른 관점이나 대안적 해석 가능성을 탐색합니다.

통독 과정에서의 도전과 해결책

집중력 유지 긴 분량으로 인한 피로와 지루함은 적절한 휴식과 구간 분할로 극복합니다. 독서 일지나 진도 체크를 통해 성취감을 확보하고, 독서 모임 참여로 동기를 유지합니다.

이해 부족 전문 용어나 복잡한 개념의 어려움은 관련 배경 지식을 사전에 학습하거나 주석, 해설서를 병행 활용하여 해결합니다. 온라인 자료나 다른 독자와의 토론도 도움이 됩니다.

지속적인 동기 유지를 위해서는 단계별 목표를 설정하고 달성 시 자기 보상을 주는 것이 효과적입니다. 독서 커뮤니티에 참여하거나 서평을 작성하며 정리하는 것도 좋습니다.

9.3. 반복 독서: 깊이 있는 이해를 위해 여러 번 읽기

노래를 처음 들었을 때는 멜로디나 목소리가 귀에 쏙 들어오죠. 하지만 여러 번 반복해서 듣다 보면, 처음에는 미처 몰랐던 악기 소리나 가사의 숨은 의미, 가수의 섬세한 감정 표현까지 새롭게 발견하게 될 때가 있습니다. 독서도 이와 비슷합니다.

9.3. 반복 독서: 깊이 있는 이해를 위해 여러 번 읽기

반복 독서의 인지과학적 기반

반복은 기억 형성의 가장 기본적이고 효과적인 원리입니다. 신경과학 연구에 따르면, 반복적 노출은 신경 연결을 강화하고 장기 기억으로의 전환을 촉진합니다. 첫 번째 읽기에서는 전체적인 틀과 기본 내용을 파악하고, 두 번째 읽기에서는 세부 사항과 뉘앙스를, 세 번째 읽기에서는 숨겨진 의미와 연결 관계를 발견하게 됩니다.

좋은 책일수록 표면적 의미, 함축적 의미, 상징적 의미 등 여러 층위의 의미를 담고 있어 반복 독서를 통해서만 온전히 파악할 수 있습니다.

단계별 반복 독서 전략

1차 읽기에서는 전체적인 구조와 흐름 파악에 집중합니다. 기본 메시지를 이해하고 개인적 반응과 감정적 공명을 경험합니다.

2차 읽기에서는 세부적 분석과 깊이 있는 이해를 추구합니다. 1차에서 놓쳤거나 이해하지 못한 부분을 재검토하고, 중요한 개념이나 주제를 정확히 파악합니다. 논리적 구조와 전개 방식을 분석해봅니다.

3차 읽기에서는 종합적 해석과 개인적 적용에 초점을 맞춥니다. 개별 요소들 간의 유기적 연결 관계를 파악하고, 명시적 메시지와 함축적 의미를 통합합니다. 개인의 경험이나 상황과의 연결점을 탐색하고, 교훈이나 원리를 추출합니다.

9장 다양한 독서 방법 활용하기

반복 독서의 실용적 기법들

　시간 간격을 두는 것이 효과적입니다. 1차와 2차 사이는 1-2주, 2차와 3차 사이는 1-3개월, 이후 반복은 6개월-1년 간격이 적당합니다. 이러한 간격은 기억의 망각 곡선을 고려한 효율적 학습을 가능하게 합니다.

　다양한 관점에서 읽기도 중요합니다. 다른 등장인물의 관점에서 해석하거나, 저자가 아닌 비판자의 시각으로 읽어보세요. 또한 능동적 독서 기법을 적용하여 각 읽기마다 새로운 질문을 설정하고, 이전 이해와 현재 이해의 차이를 분석합니다.

반복 독서의 한계와 대안

　과도한 반복은 초기 해석에 고착되거나 창의적 사고를 제한할 수 있습니다. 시간 대비 효과가 감소하고 독서 범위가 제한될 수도 있습니다. 따라서 모든 책이 아닌 정말 가치 있는 책만 선별하여 반복하고, 전체 반복이 아닌 핵심 부분만 재독하는 선택적 반복이 중요합니다. 반복 독서와 새로운 독서를 병행하며, 관련 분야의 다른 책들과 연결하여 읽는 균형적 접근이 필요합니다.

　이렇게 반복해서 읽는 과정은 내용을 단순히 '아는 것'을 넘어 '내 것으로 만드는' 깊이 있는 이해로 이끌어 줄 것입니다.

9.4. 연관 독서: 하나의 주제로 여러 책 읽기

우리가 어떤 궁금한 점이 생겼을 때, 여러 전문가의 의견을 들어보면 훨씬 더 폭넓게 이해할 수 있죠? 연관 독서가 바로 그런 방법입니다. 예를 들어 '인공지능'이라는 주제에 관심이 생겼다면, 기술 책, 사회 영향을 다룬 책 등을 함께 읽어보는 것이죠.

9장 다양한 독서 방법 활용하기

연관 독서의 개념과 가치

연관 독서는 하나의 주제를 여러 각도에서 조명함으로써 입체적이고 균형 잡힌 이해를 얻을 수 있게 합니다. 각 저자의 전문성과 관점이 다르기 때문에 주제의 다양한 면모를 발견할 수 있으며, 체계적인 지식 구조를 형성합니다.

서로 다른 주장이나 관점을 비교하는 과정에서 비판적 사고 능력이 향상되고, 다양한 정보를 종합하여 새로운 아이디어를 만들어낼 수 있는 창의적 능력도 발달합니다.

연관 독서의 설계와 계획

주제 선정은 개인적 관심사에서 출발하여 현재 고민하는 문제나 업무, 학업과 관련된 사항을 중심으로 합니다. 범위는 2-3개월 내에 완료 가능한 현실적 계획으로 5-10권 정도가 적절합니다. 다양한 관점 확보를 위해 인문학, 사회, 과학 등 여러 학문 분야의 책을 포함시키고, 다른 문화권, 찬성론과 반대론의 균형을 맞춥니다.

체계적인 연관 독서 진행법

기초 지식 구축 단계에서는 입문서나 개론서로 시작하여 기초 지식과 용어를 정리하고 주요 쟁점을 파악합니다. 심화 단계에서는 전문서를 통해 특정 영역을 깊이 탐구하며, 상반된 주장이나 이론을 비교 분석합니다. 적용과 통합 단계에서는 적용 가능성을 모색하고 창의적 아이디어를 개발합니다.

9.4. 연관 독서: 하나의 주제로 여러 책 읽기

연관 독서의 효과적 관리법

체계적 정보 관리를 위해 독서 일지를 작성하고 주제별 정보 카드 시스템을 활용합니다. 마인드맵, 개념도 등 시각적 도구로 지식 구조를 파악하고, 단계별 목표 설정과 적절한 난이도 선택으로 지속적 동기를 유지합니다.

연관 독서의 발전된 형태들

주제 확장형은 핵심 주제에서 점차 확장하는 동심원 방식과 연쇄적 확장 방식이 있습니다. 비교 연구형은 시대별, 문화별, 학파별로 같은 주제를 비교하며, 실무 적용형은 이론과 실무를 연결하여 문제 해결 방안을 검토합니다.

이렇게 연관독서를 하다보면, 그 주제에 대한 이해가 훨씬 깊어지고 다채로운 지식을 쌓을 수 있습니다. 한 가지 주제도 여러 책을 통해 만날 때 그 진면목을 발견할 수 있을 것입니다.

9장 다양한 독서 방법 활용하기

마무리

다양한 독서 방법을 익히고 상황에 맞게 활용하는 능력은 핵심 역량입니다. 중요한 것은 자신의 목적과 상황, 책의 성격을 종합적으로 고려하여 최적의 방법을 선택하는 것입니다.

발췌 독서에서 발견한 흥미로운 책을 통독으로 읽고, 가치 있는 책은 반복 독서로 깊이 이해하며, 관심 주제는 연관 독서로 확장해 나가는 것이 이상적입니다. 무엇보다 독서가 즐겁고 의미 있는 활동이 되도록 하는 것이 중요합니다.

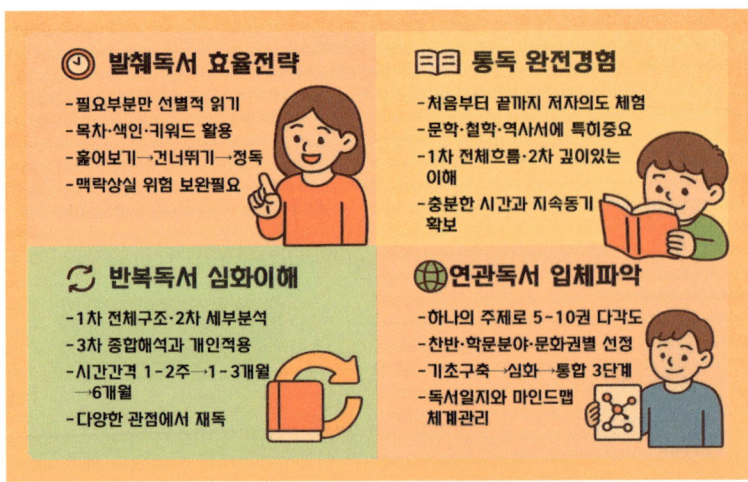

마무리

5장. 천천히 깊이 읽기
- 정독의 중요성

- 문장 리듬·구조 관찰
- 모르는 단어 어원 탐구
- 연결어·키워드로 문맥 파악
- 형광펜·메모로 표시체계

6장. 빠르게 핵심 파악하기
- 속독의 기술

- 눈 고정시간 단축과 시야확장 연습
- 청킹기법으로 의미군 단위읽기
- 역행습관 줄이고 자신감 유지
- 목적별 속도조절 탐색→훑기→정독

7장. 비판적으로 생각하며 읽기
- 질문하고 분석하기

- 정보출처 확인과 교차검증
- 표면·숨겨진·무의식 의도파악
- 논리적 오류와 편향 탐지
- 소크라테스식 질문과 다관점 적용

8장. 구조를 파악하며 읽기
- 책의 얼개 이해하기

- 중심내용과 뒷받침내용 구분
- 연결어로 문단간 논리관계 파악
- 예시·비교·인과관계 전개 이해

9장. 다양한 독서 방법 활용하기

- 발췌독서: 목차·색인 활용 효율읽기
- 통독: 완전경험과 1차→2차 심화
- 반복독서: 구조→분석→해석 단계별
- 연관독서: 주제별 5~10권 입체이해

AI와 함께 더 깊게 읽기

4 FOR bookAI

QR코드를 스캔해 4bookAI를 만나보세요!

AI를 통해 방금 읽은 내용과 관련된 인포그래픽 및 마인드맵과 자유로운 질의응답, 퀴즈, 오디오 강의, 팟캐스트 등을 사용할 수 있어요.

Part 2.
독서 기술 익히기

Part 3
독서 후 활동
기억하고 확장하기

10장. 나만의 독서 기록 남기기 - 기억을 붙잡는 기술
11장. 생각을 정리하고 확장하기 - 나만의 의미 만들기
12장. 꾸준히 읽는 습관 만들기 - 지속적인 성장을 위한 노력

10장
나만의 독서 기록 남기기
- 기억을 붙잡는 기술

여러분은 어린 시절 소중한 추억을 담은 일기장이나 앨범을 다시 펼쳐볼 때의 그 따뜻한 기분을 기억하시나요? 독서 기록이란 바로 그런 것입니다. 책장을 덮는 순간, 그 안에서 만났던 모든 감동과 깨달음이 시간의 강물에 떠내려가 버리지 않도록 붙잡아두는 소중한 장치죠.

많은 사람들이 책을 읽고 "정말 좋은 책이었는데"라고 말하지만, 몇 달 후에는 구체적인 내용이나 감동을 제대로 기억하지 못합니다. 이는 우리의 뇌가 새로운 정보를 처리하면서 이전 정보를 자연스럽게 잊어버리기 때문입니다.

독서 기록은 단순히 '기억'을 위한 것만이 아닙니다. 기록하는 과정에서 책의 내용을 다시 곱씹어보고, 자신만의 언어로 재구성하면서 더 깊이 있는 이해에 도달하게 됩니다.

10.1. 독서 노트 작성법

우리가 맛있는 음식을 먹고 그 맛을 오래도록 기억하고 싶을 때 사진을 찍어두거나 레시피를 적어두는 것처럼, 독서 노트는 바로 그런 역할을 해요. 단순히 읽고 덮는 것에서 나아가, 그 경험을 오롯이 내 것으로 만드는 마법 같은 도구죠.

10장 나만의 독서 기록 남기기 - 기억을 붙잡는 기술

독서 노트의 기본 구성 요소

독서 노트의 첫 페이지에는 책의 기본 정보를 정확히 기록해두세요. 제목, 저자, 출판사, 읽기 시작한 날짜와 완독한 날짜, 그리고 책을 선택한 이유나 읽게 된 계기를 간단히 적어두는 것이 좋습니다. 이런 정보들은 훗날 책을 다시 찾거나 추천할 때 유용한 참고 자료가 됩니다.

핵심 내용을 요약할 때는 "가장 중요한 메시지는 무엇인가?" 같은 질문들을 스스로에게 던져보세요. 답을 찾아가는 과정에서 자연스럽게 책의 핵심이 정리될 것입니다.

읽다가 마음을 울렸던 인상 깊은 구절을 기록할 때는 단순히 구절만 적는 것이 아니라, 왜 그 구절이 인상 깊었는지도 함께 기록해보세요. 예를 들어, "이 구절을 읽는 순간, 답을 찾은 것 같았다" 같은 개인적인 맥락을 함께 남겨두는 것이죠.

마지막으로, 책을 읽으면서 문득 떠오른 생각이나 궁금증을 자유롭게 메모해보세요. 독서는 저자와 독자 간의 대화입니다. "저자의 이 주장에는 동의하지 않는다. 왜냐하면…" 같은 식으로 솔직하게 기록해두세요.

효과적인 독서 노트 작성 팁

독서 노트는 책을 다 읽고 나서 한꺼번에 쓰는 것보다, 읽으면서 틈틈이 기록하는 것이 좋습니다. 그 순간의 생생한 감정과 생각을 놓치지 않을 수 있기 때문이죠. 포스트잇을 활용하거나 핸드폰의

10.1. 독서 노트 작성법

메모 기능을 사용해서 즉석에서 키워드나 짧은 문장을 적어두었다가 나중에 정리하는 방법도 있습니다.

나만의 기호 체계를 만들어 보세요.

- ★ 표시 특히 중요한 내용
- ♡ 표시 감동적인 구절
- ? 표시 의문이 든 부분
- ! 표시 놀라운 사실

위 예시와 같이 기록하면 나중에 노트를 다시 볼 때 더 빠르게 원하는 내용을 찾을 수 있습니다.

작성한 독서 노트는 서랍 속에 넣어두지 말고, 정기적으로 다시 읽어보세요. 시간이 지나고 나서 같은 노트를 읽어보면, 그때와는 또 다른 관점에서 새로운 발견을 할 수 있습니다. 여러 책의 노트를 연결해서 읽어보면 의외의 공통점이나 차이점을 발견하는 재미도 있습니다.

이렇게 차곡차곡 쌓인 독서 노트는 시간이 흘러도 책을 다시 떠올릴 수 있게 해주는 타임캡슐이자, 생각을 더욱 단단하게 만들어 주는 멋진 기록이 될 거예요.

10장 나만의 독서 기록 남기기 - 기억을 붙잡는 기술

10.2. 독서 감상문 쓰기

독서 감상문은 소중한 기록이자, 생각을 담아내는 특별한 그릇입니다. 단순히 줄거리 요약하는 것을 넘어, 책을 읽으며 어떤 장면에서 마음이 뭉클했는지, 혹은 책을 통해 세상을 보는 눈이나 특정 문제에 대한 생각이 어떻게 달라졌는지 표현해보세요.

10.2. 독서 감상문 쓰기

진정성 있는 감상문의 구성 요소

감상문의 시작은 이 책을 어떻게 알게 되었는지, 왜 읽게 되었는지부터 이야기해보세요. "친구의 추천으로 읽게 되었는데, 처음에는 별 기대가 없었다가..." 같은 솔직한 동기부터 시작하는 것이죠.

책을 읽으면서 경험한 다양한 감정들을 솔직하게 표현해보세요. 감정을 표현할 때는 추상적인 말보다는 구체적인 장면이나 상황을 들어 설명하는 것이 좋습니다. "감동적이었다"라고 단순히 쓰는 것보다는 "○○ 장면에서 주인공의 선택을 보며 가슴이 뜨거워졌다"라고 구체적으로 쓰는 것이 훨씬 설득력 있게 다가옵니다.

책을 읽기 전과 후에 자신의 생각이 어떻게 달라졌는지 구체적으로 비교해보세요. "이전에는 ○○에 대해 이렇게 생각했는데, 이 책을 읽고 나서는 △△라고 생각하게 되었다"는 식으로 변화의 과정을 명확히 드러내는 것이죠. 특히 자신이 가지고 있던 편견이나 고정관념이 깨진 경험이 있다면 그것을 솔직하게 인정하고 기록해보세요.

더 나아가, 책 속에서 얻은 깨달음을 앞으로 내 삶에 어떻게 적용해볼 수 있을지 구체적으로 적어보는 거예요. 이때 중요한 것은 막연한 다짐보다는 구체적이고 실행 가능한 계획을 세우는 것입니다. "더 친절한 사람이 되어야겠다"보다는 "매일 출근길에 만나는 경비아저씨께 먼저 인사드리기" 같은 구체적인 행동 계획이 훨씬 실현 가능성이 높습니다.

10장 나만의 독서 기록 남기기 - 기억을 붙잡는 기술

다양한 감상문 형태 탐구하기

편지 형식 저자에게 편지를 쓰는 형식으로 "○○ 작가님께, 안녕하세요…"로 시작하면 더욱 친밀하고 개인적인 감상문이 됩니다.

대화 형식 책 속 등장인물과 대화하는 형식으로 질문하고 답하는 과정에서 더 깊이 있는 성찰이 가능합니다.

비교 분석형 이전에 읽었던 다른 책이나 영화 등과 비교하면서 이 책만의 특별함을 명확하게 파악할 수 있습니다.

감상문 쓰기의 부가적 효과

감상문을 쓰는 과정은 단순히 '읽었다'는 사실을 넘어, 책과 나 사이에 의미 있는 다리를 놓고, 생각을 정리하며 스스로에게 질문을 던지는 멋진 기회가 됩니다. 또한 자신의 생각과 감정을 명확하고 설득력 있게 표현하는 연습을 통해 자연스럽게 표현력과 논리적 사고력이 향상됩니다.

시간이 지난 후 자신이 쓴 감상문을 다시 읽어보는 것은 정말 특별한 경험입니다. 과거의 나와 현재의 나를 비교해볼 수 있고, 생각이 어떻게 변화하고 성장했는지를 확인할 수 있는 소중한 자료가 되니까요.

10.3. 마인드 맵 활용하기

책을 읽고 나서 머릿속에 떠오르는 생각들을 어떻게 정리하면 좋을까요? 마인드 맵을 활용해 책의 내용을 한눈에 펼쳐보는 건 어때요? 책의 제목이나 주제를 중앙에 적고, 주요 인물, 인상 깊었던 사건, 질문, 느낌들을 자유롭게 연결해 나가는 거예요.

10장 나만의 독서 기록 남기기 - 기억을 붙잡는 기술

마인드 맵의 과학적 근거

마인드 맵이 효과적인 학습 도구인 이유는 우리 뇌의 작동 방식과 밀접한 관련이 있습니다. 인간의 뇌는 선형적이고 순차적인 정보보다는 연관성과 패턴을 통한 정보를 더 잘 기억하고 처리합니다. 또한 마인드 맵은 논리적인 좌뇌와 창의적인 우뇌를 동시에 자극해서 더 풍부하고 입체적인 이해를 가능하게 만들어줍니다.

독서용 마인드 맵 작성법

먼저 A4 용지를 가로로 놓고 중앙에 책의 제목이나 핵심 주제를 적어보세요. 이때 간단한 그림이나 기호를 함께 그려 넣으면 더욱 좋습니다. 사랑에 관한 책이라면 하트를, 모험 소설이라면 나침반을 그려보는 식으로요.

중심에서 뻗어 나오는 굵은 가지들을 그려 주요 범주를 나타내보세요. 독서 마인드 맵에서는 보통 등장인물, 주요 사건과 줄거리, 주제와 메시지, 인상적인 구절, 내 생각과 느낌 등을 주요 가지로 삼습니다. 각 주요 가지에서 더 세밀한 가지들을 뻗어 나가면서 구체적인 내용들을 채워넣어 보세요..

색깔을 의미 있게 활용하면 더욱 효과적입니다.

- **빨간색** 중요한 내용이나 감동적인 부분
- **파란색** 논리적인 내용이나 사실 정보
- **초록색** 새로운 아이디어나 창의적인 생각
- **노란색** 의문이 들거나 더 알아보고 싶은 내용

10.3. 마인드 맵 활용하기

디지털 도구와 다양한 활용법

손으로 그리는 전통적인 마인드 맵도 좋지만, 디지털 도구를 활용하면 쉬운 수정과 재편집, 링크 추가, 공유 및 협업 등 더욱 다양한 기능을 사용할 수 있습니다.

책을 읽기 전에 제목과 목차만 보고 예상 마인드 맵을 그려보거나, 독서 중에 실시간으로 업데이트하면서 읽어나가는 것도 좋은 방법입니다. 책을 다 읽은 후에는 전체 구조와 흐름을 파악하는 종합 마인드 맵을 새로 그려보세요.

마인드 맵은 생각의 흐름을 시각적으로 보여줘서 책의 전체적인 구조와 핵심 메시지를 명확하게 파악하는 데 도움을 줍니다. 이렇게 나만의 '생각 나무'를 그리다 보면, 흩어져 있던 생각의 조각들이 아름다운 그림처럼 연결되면서 책의 내용이 더욱 선명하게 다가올 것입니다.

10장 나만의 독서 기록 남기기 - 기억을 붙잡는 기술

10.4. 온라인 독서 기록 플랫폼 활용하기

 우리가 읽은 책들을 온라인 공간에 멋지게 기록하고 공유할 수 있는 플랫폼들이 있습니다. 이런 플랫폼들은 마치 여러분만의 '디지털 서재'와 같아요. 읽은 책의 제목, 작가, 읽은 날짜는 물론이고, 별점과 함께 짧은 감상이나 구절을 남겨둘 수 있죠.

10.4. 온라인 독서 기록 플랫폼 활용하기

주요 온라인 독서 플랫폼들

국내에서는 밀리의 서재, 리디북스, 북적북적 같은 플랫폼들이 인기를 끌고 있습니다. 밀리의 서재는 전자책 서비스와 함께 독서 진도율을 자동으로 기록해주고, 리디북스는 연재소설 서비스가 잘 갖춰져 있어요. 북적북적은 국내 대표적인 독서 소셜 네트워크로 책 추천과 독서 모임 기능이 활발합니다.

해외에서는 세계 최대 독서 커뮤니티인 Goodreads가 유명하고, 더 정교한 독서 분석을 원한다면 StoryGraph를, 독서 시간 추적에 관심이 있다면 Bookly를 활용해보세요.

온라인 플랫폼의 핵심 기능들

대부분의 플랫폼들은 독서 진행 상황을 자동으로 추적해줍니다. 하루에 몇 페이지를 읽었는지, 한 달에 몇 권을 완독했는지, 어떤 장르를 선호하는지 등의 통계를 시각적으로 보여주죠. 이렇게 차곡차곡 기록을 쌓아가다 보면, 어떤 책들을 읽었고 그때 어떤 생각을 했는지 한눈에 볼 수 있어 마치 독서 일기장을 들춰보는 듯한 재미가 있습니다.

다른 친구들이 어떤 책을 읽고 어떤 느낌을 받았는지 엿보거나, 내 독서 취향에 딱 맞는 새로운 책을 추천받는 것도 큰 장점입니다. "올해 50권 읽기" 같은 챌린지에 참여해서 함께 도전하면서 독서 동기를 유지할 수도 있고요. 플랫폼에 쌓인 데이터를 바탕으로 개인 취향에 맞는 책을 추천해주는 기능도 매우 유용합니다.

10장 나만의 독서 기록 남기기 - 기억을 붙잡는 기술

효과적인 활용 전략

각 플랫폼마다 강점이 다르므로 목적에 맞게 선택하는 것이 좋습니다.

- **통계와 분석** → Bookly, StoryGraph
- **커뮤니티 활동** → Goodreads, 북적북적
- **전자책 독서** → 밀리의 서재, 리디북스

온라인 플랫폼의 장점을 최대화하려면 꾸준한 기록이 중요합니다. 책을 시작할 때와 완독했을 때뿐만 아니라 중간중간 진행 상황도 업데이트하고, 간단한 코멘트라도 남기는 습관을 들이세요. 다만 개인적인 독서 기록이므로 프라이버시 설정을 적절히 관리하는 것도 잊지 마세요.

온라인과 오프라인의 조화

온라인 플랫폼의 편리함과 손으로 쓰는 기록의 깊이를 모두 활용하는 것도 좋은 방법입니다. 기본 정보와 간단한 감상은 온라인에, 더 깊은 생각이나 개인적인 성찰은 손으로 쓴 노트에 남기는 것이죠. 축적된 독서 데이터로 나만의 독서 보고서를 만들어 독서 패턴과 취향 변화를 파악해보는 것도 흥미로운 경험이 될 것입니다.

마무리

　처음에는 한 가지 방법부터 시작해보세요. 익숙해지면 평소에는 온라인 플랫폼으로 간단히 기록하고, 특별한 책은 손으로 깊이 정리하며, 복잡한 내용은 마인드 맵으로 구조화하는 식으로 여러 방법을 조합할 수 있습니다.

　독서 기록은 책을 더 깊이 이해하고 생각을 정리하는 과정입니다. 완벽한 기록보다 꾸준함이 중요합니다. 책을 읽은 후 무언가를 남기는 습관이 여러분만의 독서 인생을 완성해갈 것입니다.

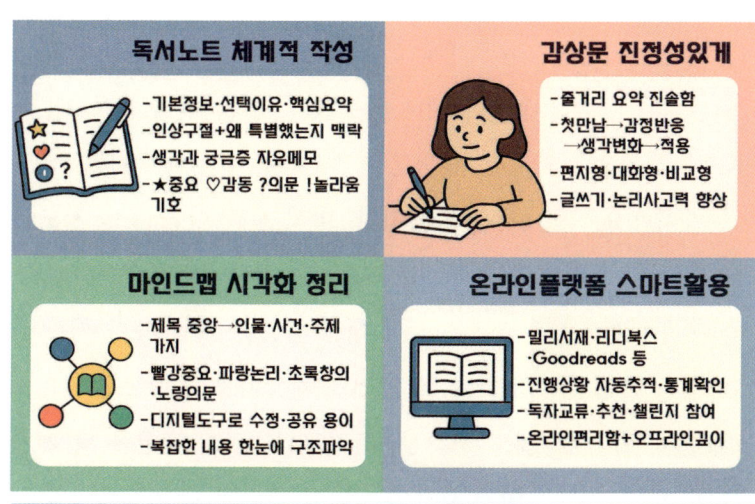

11장
생각을 정리하고 확장하기
- 나만의 의미 만들기

　좋아하는 영화나 음악에 대해 친구들과 이야기꽃을 피울 때, 혼자 감상할 때와는 또 다른 즐거움을 발견하곤 합니다. 독서 토론도 마찬가지예요. 같은 책을 읽었지만, 마치 서로 다른 보물 지도를 들고 탐험한 것처럼 각자 발견한 것들이 다를 수 있기 때문입니다.
　친구가 이야기하는 등장인물에 대한 새로운 해석, 내가 미처 주목하지 못했던 문장의 의미, 혹은 전혀 예상치 못한 감동 포인트를 들으면서 '아, 이렇게도 생각할 수 있구나!' 하고 무릎을 탁 치게 될지도 모릅니다. 이렇게 서로의 생각을 나누는 과정은 혼자 읽을 때보다 훨씬 더 풍성하고 입체적으로 책을 이해하도록 도와줍니다. 마치 함께 힘을 합쳐 더 크고 멋진 그림을 완성하는 것처럼요.

11.1. 독서 토론 참여하기

독서 토론의 과학적 근거

독서 토론이 효과적인 이유는 단순히 '재미'때문만이 아닙니다. 교육학과 심리학 연구에 따르면, 타인과의 대화를 통한 학습은 여러 인지적 효과를 가져옵니다.

11장 생각을 정리하고 확장하기 - 나만의 의미 만들기

먼저 관점 수용 능력이 향상됩니다. 다른 사람의 해석을 듣는 과정에서 자연스럽게 다양한 관점에서 사물을 바라보는 능력을 기르게 되며, 이는 비판적 사고력과 창의적 사고력 향상에 직접적으로 기여합니다. 또한 토론 과정에서 자신의 생각을 설명하고 정당화해야 하는 상황이 되면 메타인지가 발달합니다. 다른 사람에게 설명하는 과정에서 정보가 더 오래, 더 정확하게 기억되는 '설명 효과'도 나타납니다.

다양한 독서 토론 형태

정기 독서 모임은 매월 정해진 책을 함께 읽고 토론하는 전통적인 형태로, 지속성과 깊이 있는 관계 형성이 장점입니다. 4-8명 정도가 적정 규모이며, 토론 주제를 미리 정해두고 돌아가며 사회자 역할을 맡는 것이 효과적입니다.

온라인 독서 토론은 지리적 제약 없이 다양한 사람들과 만날 수 있습니다. Zoom, Discord 같은 플랫폼을 활용하거나 게시판 형태로 비동기 토론을 진행할 수 있으며, 텍스트뿐만 아니라 멀티미디어를 활용한 풍부한 소통이 가능합니다.

테마별 토론은 특정 주제나 장르에 집중하는 형태입니다. SF 소설, 자기계발서 같은 장르별 토론이나 환경 문제, 인간관계 같은 주제별 토론 등이 있습니다.

11.1. 독서 토론 참여하기

효과적인 독서 토론 참여법

좋은 토론은 말하기보다 듣기에서 시작됩니다. 다른 사람의 의견을 진심으로 듣고 "그 관점은 생각해보지 못했는데, 구체적으로 어떤 부분에서 그렇게 느끼셨나요?"처럼 호기심을 가지고 질문하세요.

의견을 제시할 때는 "재미있었다", "감동적이었다" 같은 추상적인 표현보다 "○○페이지의 ○○ 장면에서 주인공의 선택이 특히 인상 깊었는데..."처럼 구체적인 근거를 제시하는 것이 좋습니다. 자신의 해석이 절대적이라고 생각하지 말고 다른 가능성에 열린 마음을 유지하세요.

독서 토론에서 얻을 수 있는 것들

- **비판적 사고력 향상** 다양한 의견을 접하고 비교 분석하며 "이것이 타당한가?", "다른 가능성은 없을까?" 질문하는 습관이 생깁니다.
- **커뮤니케이션 능력 개발** 자신의 생각을 명확하게 전달하고 다른 사람의 의견을 정확히 이해하는 능력이 향상됩니다.
- **독서 동기 부여** 혼자서는 포기하기 쉬운 어려운 책도 토론 모임이 있으면 끝까지 읽게 됩니다.
- **새로운 인간관계 형성** 비슷한 관심사를 가진 사람들과 지적 교감을 나누며 의미 있는 관계를 형성할 수 있습니다.

11장 생각을 정리하고 확장하기 - 나만의 의미 만들기

11.2. 주변 사람들과 이야기 나누기

책을 읽고 나서 마음에 남는 여운을, 마치 친구에게 재미있는 영화 이야기를 신나게 들려주듯 주변 사람들과 나눠보는 건 어떨까요? "이 장면에서 주인공이 너무 이해되더라!", "나는 작가가 이런 말을 하고 싶었던 것 같아." 하고 가볍게 이야기를 시작하는 거죠.

11.2. 주변 사람들과 이야기 나누기

꼭 거창한 토론이 아니어도 괜찮아요. 가족이나 친구와 함께 책에 대한 감상을 나누다 보면, 내가 미처 생각하지 못했던 부분을 발견하고 새로운 깨달음을 얻을 수 있습니다. 이렇게 책에 대한 이야기를 주고받는 것은 마치 혼자서는 볼 수 없었던 책의 숨겨진 풍경을 함께 발견하는 것과 같아요.

자연스러운 독서 대화 시작하기

독서 이야기를 별도의 특별한 시간에만 하는 것이 아니라, 일상 대화 중에 자연스럽게 녹여내보세요. "오늘 회사에서 있었던 일이 어제 읽은 책 내용과 비슷하더라", "이 뉴스를 보니까 얼마 전에 읽은 책에서 비슷한 상황이 나왔었는데..." 같은 식으로 자연스럽게 책 이야기를 일상과 연결시키면 상대방도 부담 없이 대화에 참여할 수 있습니다.

독서 이야기를 할 때는 상대방의 관심사나 상황과 연결해서 이야기하는 것이 효과적입니다. 요리를 좋아하는 친구에게는 요리 관련 에세이를, 육아맘 친구에게는 자녀교육서를, 직장 고민이 있는 동료에게는 자기계발서를 연결하여 이야기하면 더욱 활발한 대화로 이어질 수 있습니다.

일방적으로 책 내용을 설명하기보다는 질문을 던져 상대방의 생각을 끌어내는 것이 좋습니다. "만약 네가 주인공이었다면 어떻게 했을 것 같아?", "이런 상황에 대해서는 어떻게 생각해?" 같은 질문으로 대화를 유도해보세요.

11장 생각을 정리하고 확장하기 - 나만의 의미 만들기

다양한 사람들과의 독서 대화

가족과의 독서 대화는 평소 나누기 어려웠던 깊이 있는 이야기를 가능하게 해줍니다. 부모님과는 고전이나 베스트셀러를 함께 읽고, 배우자나 연인과는 서로 다른 장르의 책을 읽고 요약해서 들려주는 것도 좋습니다. 자녀와는 나이에 맞는 책을 함께 읽고 감상을 나누며 진심으로 관심을 보이고 질문해보세요.

친구들과는 부담 없이 다양한 방식으로 독서 이야기를 나눌 수 있습니다. 카페나 식당에서 "요즘 읽고 있는 책이 있어?"라고 자연스럽게 시작하거나, SNS나 메신저로 인상 깊은 구절을 공유하는 것도 좋습니다. 직장 동료와는 업무 실용서나 자기계발서를 공유하고 인사이트를 나누어보세요.

독서 대화의 긍정적 효과

- **관계 깊이 향상** 서로의 가치관과 생각하는 방식을 자연스럽게 알게 되면서 관계가 더욱 깊어집니다.
- **독서 동기 부여** 누군가와 이야기할 계획이 있으면 책을 끝까지 읽게 되고, 새로운 책에 도전하는 기회도 늘어납니다.
- **다양한 관점 습득** 같은 책을 읽어도 사람마다 다른 해석을 통해 더 폭넓고 유연한 사고방식을 기를 수 있습니다.
- **소통 능력 향상** 책의 내용을 요약하고 설명하는 과정에서 자연스럽게 소통 능력이 향상됩니다.

11.3. 독서와 관련된 글쓰기

책을 읽고 난 후, 머릿속에 맴도는 생각들을 그냥 흘려보내기 아쉽지 않나요? 책을 통해 느꼈던 감동이나 떠올랐던 질문들을 글로 풀어내다 보면, 처음에는 어렴풋했던 생각들이 점점 선명해지고 단단해지는 것을 느낄 수 있을 거예요.

11장 생각을 정리하고 확장하기 - 나만의 의미 만들기

서평 쓰기: 책과 독자를 연결하는 다리

좋은 서평은 단순한 줄거리 요약이 아닙니다. 독자가 이 책을 읽을지 말지 결정하는 데 도움이 되는 정보와 평가가 균형 있게 담겨야 합니다. 도입부에서 책을 선택한 이유와 첫인상을 밝히고, 줄거리와 주제를 소개합니다. 이 책만의 매력과 아쉬운 점을 객관적으로 다루고, 별점이나 추천 대상, 개인적 소감을 덧붙입니다.

효과적인 서평을 쓰려면 "감동적이었다"보다는 "주인공이 병든 아버지를 돌보는 134페이지 장면에서 눈물이 났다"처럼 구체적으로 표현하세요. 좋았던 점과 아쉬웠던 점을 균형 있게 언급하고, "SF를 좋아하는 사람이라면", "직장인에게 추천" 등 어떤 독자에게 특히 유용할지 명시해주세요.

에세이 쓰기: 책에서 시작된 나만의 이야기

에세이는 서평과 달리 책을 평가하는 것이 목적이 아닙니다. 책을 읽으며 떠오른 생각, 책과 연결된 개인적 경험, 책이 제기하는 질문에 대한 나만의 답변 등을 자유롭게 풀어내는 글입니다.

에세이 소재는 다양합니다. "주인공의 선택을 보며 10년 전 나의 결정이 떠올랐다"처럼 책 속 인물과 나의 만남을 다루거나, 특별히 인상 깊었던 문장에서 시작하여 그 깨달음이 삶에 가져올 변화를 상상해볼 수 있습니다. 책에서 다룬 사회 문제와 내가 경험한 현실을 연결하는 것도 좋은 방법입니다.

11.3. 독서와 관련된 글쓰기

다양한 발표 플랫폼 활용하기

온라인 플랫폼으로는 개인 블로그, 도서 리뷰 사이트, 북적북적 같은 독서 커뮤니티, SNS 등이 있습니다. 오프라인으로는 지역 도서관의 독서 동아리, 북카페나 서점의 이벤트, 직장이나 학교의 독서 모임 등에서 글을 공유할 수 있습니다.

글쓰기를 통한 성장 효과

- **사고력 향상** 막연했던 생각들이 구체화되고 논리적으로 정리되며 분석적 사고가 발달합니다.
- **표현력 향상** 복잡한 감정이나 추상적 개념을 다른 사람이 이해할 수 있도록 표현하는 능력이 향상됩니다.
- **자기 이해 증진** 자신의 생각과 감정을 정리하며 "나는 왜 이런 이야기에 끌리는가?" 같은 자기 성찰이 가능해집니다.
- **지적 네트워크 형성** 비슷한 관심사를 가진 사람들과 연결되어 소통과 글 공유로 지적 네트워크를 형성할 수 있습니다.

11.4. 독서 내용을 삶에 적용하기

 우리가 책을 읽는 것은 단순히 글자를 따라가는 여정에서 그치지 않아요. 책 속에서 만난 지혜나 감동이 우리 마음속에 작은 씨앗처럼 심어져, 실제 우리 삶에서 아름다운 꽃을 피우고 열매를 맺을 때, 독서는 비로소 진정한 의미를 갖게 됩니다.

11.4. 독서 내용을 삶에 적용하기

삶 적용의 단계별 과정

먼저 책의 핵심 메시지를 추출해야 합니다. "이 책에서 가장 중요한 메시지는 무엇인가?", "내가 가장 공감한 부분은 어디인가?" 같은 질문을 통해 한 문장으로 핵심을 요약하고, 인상 깊었던 구절을 선정하여 내 삶과 관련된 주제를 찾아냅니다.

다음으로 현재 상황과 연결합니다. 개인적 영역에서는 인간관계, 자기계발, 가치관의 재검토를 시도하고, 사회적 영역에서는 직장 생활, 사회 참여, 소비 패턴과 연결해봅니다.

SMART 원칙을 적용해보세요.
- **구체적(Specific)** "더 친절해지자"
  → "매일 한 명에게 진심 어린 칭찬하기"
- **측정 가능(Measurable)** "많이 읽기" → "매달 2권 읽기"
- **달성 가능(Achievable)** 현실적으로 실행 가능한 수준
- **관련성(Relevant)** 내 삶의 현재 상황과 밀접한 관련
- **시간 제한(Time-bound)** "매주 토요일" 등 구체적 기간

장르별 적용 방법

자기계발서는 구체적인 방법론을 제시하므로 비교적 적용하기 쉽습니다. 시간 관리 책은 실제 시간 기록표를 작성하고, 인간관계 책은 경청 기법을 일상에서 실습합니다. 소설이나 문학 작품은 간접적인 영감을 줍니다. 등장인물의 선택과 결과를 통해 교훈을

11장 생각을 정리하고 확장하기 - 나만의 의미 만들기

도출하고, 작품 속 상황과 유사한 내 경험을 반성하며, 보편적 주제에 대해 성찰합니다. 역사나 전기는 인물의 리더십이나 위기 극복 방법을 학습하고, 과학이나 인문학 도서는 새로운 지식을 일상 대화나 문제 해결에 활용합니다.

지속가능한 적용을 위한 전략

작은 변화부터 시작하는 것이 중요합니다. "매일 운동하기"보다는 "주 3회 30분 산책"으로 시작하여 점진적으로 확대합니다. 변화를 지원하는 환경을 조성하고, 가족이나 친구들에게 계획을 공유하여 지지를 받습니다.

정기적인 점검을 통해 주간 단위로는 실행 여부와 어려운 점을 확인하고, 월간 단위로는 전반적인 방향과 목표 수정 필요성을 검토합니다. 실패는 학습의 기회로 받아들이고, 원인을 분석하여 더 현실적인 계획으로 수정합니다.

장기적 관점에서의 삶의 변화

독서를 통한 지속적인 실천은 가치관의 변화로 이어집니다. 물질적 성공 중심에서 관계와 의미 중심으로, 개인주의에서 공동체 의식으로 전환될 수 있습니다. "나는 원래 내향적인 사람"에서 "상황에 따라 외향적일 수도 있는 사람"으로 정체성이 확장되고, 개인의 변화가 가족과 직장, 사회에 긍정적인 영향을 미치며 작은 변화가 큰 파급효과를 가져올 수 있습니다.

마무리

이번 장에서 살펴본 네 가지 방법은 모두 독서를 '머릿속 지식'에서 '삶의 실천'으로 확장시킵니다. 토론에서 얻은 관점을 글로 정리하고, 대화에서 발견한 인사이트를 삶에 적용하며, 그 과정을 다시 토론 주제로 삼는 선순환이 만들어질 때, 독서는 인생을 변화시키는 강력한 도구가 됩니다.

지속가능한 성장을 위해서는 완벽보다는 지속성을 추구하세요. 자신에게 맞는 방식을 찾아 꾸준히 실천하는 것이 중요합니다.

12장
꾸준히 읽는 습관 만들기
- 지속적인 성장을 위한 노력

마라톤 선수가 하루아침에 42.195km를 뛸 수 없듯이, 독서도 꾸준한 연습과 습관이 필요합니다. 하지만 중요한 것은 속도가 아니라 지속성입니다. 매일 조금씩이라도 책과 만나는 시간을 갖는 것이 진정한 독서 습관의 핵심이죠.

많은 사람들이 "시간이 없어서", "재미있는 책을 못 찾겠어서", "집중이 안 되어서"라는 이유로 중도에 포기합니다. 하지만 이런 어려움들은 올바른 방법과 마음가짐으로 충분히 극복할 수 있습니다.

이번 장에서는 독서를 평생의 습관으로 만들기 위한 구체적인 방법들을 알아보겠습니다. 목표 설정, 시간 관리, 동기 부여, 슬럼프 극복까지 다양한 해결책을 함께 탐구해보겠습니다. 작은 노력들이 모여 평생의 습관이 될 것입니다.

12.1. 독서 목표 설정하기

　우리가 여행을 떠날 때 목적지 없이 무작정 걷기만 한다면 금방 지치거나 길을 잃기 쉽겠죠? 독서도 마찬가지입니다. '책을 읽어야지' 하는 막연한 마음보다는 구체적인 목표를 세우는 것이 꾸준한 독서 여정의 든든한 나침반이 되어줄 것입니다.

12장 꾸준히 읽는 습관 만들기 - 지속적인 성장을 위한 노력

독서 목표의 과학적 효과

심리학자 에드윈 로크의 목표 설정 이론에 따르면, 구체적이고 도전적인 목표는 성과를 현저히 향상시킵니다. "많이 읽자"보다 "이번 달 3권 읽기"가 효과적인 이유죠. 작은 목표들을 달성하며 쌓이는 자기효능감은 더 큰 도전을 가능하게 하고, 측정 가능한 진행 상황은 지속적인 동기로 이어집니다.

효과적인 독서 목표 설정법

독서 목표 역시 앞서 얘기한 SMART 원칙을 추천합니다.

- **구체적(Specific)**
- **측정 가능(Measurable)**
- **달성 가능(Achievable)**
- **관련성(Relevant)**
- **시간 제한(Time-bound)**

목표는 장기(연간), 중기(월간), 단기(주간)로 나누어 설정하는 것이 효과적입니다. 양적 목표뿐만 아니라 "고전 문학 도전하기"같은 질적 목표, "잠들기 전 독서하기"같은 습관 목표, "독서 모임 참여하기"같은 경험 목표도 함께 세워보세요.

개인 맞춤형 목표 설정하기

먼저 현재 상황을 진단해보세요. 한 달에 몇 권을 읽고 있는지, 언제 집중이 잘 되는지, 독서에 방해가 되는 요소는 무엇인지 파악

12.1. 독서 목표 설정하기

하는 것이 중요합니다. 그다음 독서의 동기를 명확히 하세요. 지식 확장을 위해서인지, 스트레스 해소를 위해서인지, 업무 역량 강화를 위해서인지에 따라 목표가 달라집니다.

초보자라면 매일 10분씩 독서하기부터 시작해 점차 시간과 권수를 늘려가고, 중급자는 다양한 장르나 어려운 분야에 도전해보세요. 상급자는 원서나 고전에 도전하거나 독서 멘토링 활동을 시작해볼 수 있습니다.

목표 달성을 위한 실행 전략

독서 달력을 만들어 계획과 실제 독서를 기록하고, 목표 달성 시 표시하면 성취감을 시각화할 수 있습니다. 주간 목표 달성 시 작은 보상을, 월간 목표 달성 시 새 책 구매를, 연간 목표 달성 시 독서 여행 같은 특별한 보상을 주는 것도 동기 부여에 도움이 됩니다.

목표는 정기적으로 점검하고 필요시 조정하는 유연성이 필요합니다. 완벽한 달성보다는 지속적인 시도에 가치를 두고, 실패를 학습 기회로 활용하세요. 중요한 것은 포기하지 않고 계속 도전하는 마음입니다.

12장 꾸준히 읽는 습관 만들기 - 지속적인 성장을 위한 노력

12.2. 매일 꾸준히 읽는 시간 확보하기

매일 밥을 먹고 잠을 자듯, 책 읽는 시간도 우리 하루의 당연한 한 부분으로 만들 수 있다면 얼마나 좋을까요? '바빠서 책 읽을 시간이 없어'라는 생각 대신, 하루 중 잠깐씩 비는 '틈새 시간'을 발견해보는 것입니다.

12.2. 매일 꾸준히 읽는 시간 확보하기

시간 인식의 전환

많은 사람들이 "독서할 시간이 없다"고 말하지만, 실제로는 시간을 어떻게 사용하는지 제대로 파악하지 못하는 경우가 많습니다. 일주일 동안 시간 사용 패턴을 기록해보면 스마트폰이나 SNS에 쓰는 시간이 생각보다 많다는 것을 발견하게 됩니다. 시간이 없는 것이 아니라 독서의 우선순위가 낮기 때문일 수 있습니다.

효과적인 독서 시간 확보 전략

틈새 시간을 잘 활용하면 생각보다 많은 독서 시간을 확보할 수 있습니다. 출퇴근 시간, 점심 식사 후 남는 시간, 대기 시간 등을 활용해보세요. 도보 이동 시에는 오디오북을 듣는 것도 좋은 방법입니다. 기상 후 커피 마시며 독서하거나 잠들기 전 스마트폰 대신 책을 읽는 것처럼 일상 루틴과 결합시키면 자연스럽게 습관이 됩니다.

디지털 도구의 현명한 활용

운전하거나 집안일을 할 때는 오디오북을 활용하고, 스마트폰이나 태블릿에 전자책 앱을 설치해 언제 어디서든 독서할 수 있는 환경을 만들어보세요. 독서 시간 알림을 설정하거나 진행 상황을 트래킹하는 것도 동기부여에 도움이 됩니다.

12장 꾸준히 읽는 습관 만들기 - 지속적인 성장을 위한 노력

구체적인 실행 방법

타임 블로킹은 하루를 여러 블록으로 나누어 독서 전용 시간을 만드는 방법입니다. 달력에 독서 시간을 미리 표시하고 그 시간만큼은 다른 약속을 잡지 않도록 하세요. 습관 스태킹도 효과적인데, "커피를 마신 후 15분간 독서하기"처럼 기존 습관에 독서를 연결하는 것이죠.

독서하기 쉬운 환경을 만드는 것도 중요합니다.

· 침대 옆, 소파 옆 등 자주 가는 곳에 책 비치
· 가방이나 자동차에 항상 책 한 권씩 준비
· 스마트폰 화면에 전자책 앱 배치

지속 가능한 독서 습관 만들기

완벽주의를 피하고 유연성을 유지하는 것이 중요합니다. 매일 같은 시간에 같은 분량을 읽어야 한다는 강박을 갖지 마세요. 어떤 날은 5분만 읽을 수도 있고, 어떤 날은 1시간을 읽을 수도 있습니다. 피로하거나 컨디션이 좋지 않을 때는 무리하지 말고, 다른 시간대로 옮기거나 짧은 시간이라도 대체 독서를 하는 것이 좋습니다.

거창하게 몇 시간씩 약속하지 않아도 괜찮아요. 중요한 건 짧더라도 매일 꾸준히 책과 만나는 시간을 만들어내는 노력입니다. 이렇게 확보한 짧은 시간들이 차곡차곡 쌓이면 어느새 여러분의 생각의 근육이 탄탄해지고, 세상을 보는 눈도 더욱 깊어질 것입니다.

12.3. 독서 모임 활용하기

혹시 혼자 끙끙대던 문제를 친구와 나누었더니 답이 보였던 경험, 있지 않나요? 같은 책을 읽어도 각자 마음에 와닿는 구절이나 떠오르는 생각이 다를 수 있기 때문입니다. 다양한 이야기를 듣다 보면 발견하지 못했던 의미나 다른 재미를 발견하게 됩니다.

12장 꾸준히 읽는 습관 만들기 - 지속적인 성장을 위한 노력

독서 모임의 다층적 효과

사회적 학습 이론에 따르면 우리는 다른 사람을 관찰하고 모방하면서 학습합니다. 독서 모임에서는 다른 구성원들의 독서 방법과 해석 방식을 자연스럽게 배울 수 있습니다. 서로 다른 배경을 가진 사람들이 모여 한 권의 책을 다각도로 분석하면, 개인이 혼자 읽을 때보다 풍부한 이해에 도달할 수 있습니다.

독서 모임의 다양한 형태

전통적인 독서 모임은 보통 4-8명이 월 1-2회 정도 만나 같은 책에 대해 토론합니다. 깊이 있는 관계 형성과 안정적인 독서 습관을 만들 수 있다는 장점이 있죠. 각자 준비해온 질문이나 감상을 나누며, 돌아가면서 사회자 역할을 맡는 방식으로 운영됩니다.

온라인 독서 모임은 시간과 장소의 제약이 적고 기록이 남아 나중에 다시 볼 수 있다는 장점이 있습니다. 실시간 화상 토론과 비실시간 텍스트 토론을 병행하거나 인상 깊은 구절을 공유하는 방식으로 운영할 수 있습니다.

효과적인 참여를 위한 팁

적극적으로 참여하려면 책을 꼼꼼히 읽고 토론 주제나 질문거리를 미리 준비하세요. 토론 중에는 다른 사람의 의견을 경청하고 자신의 의견을 정중하게 표현하는 것이 중요합니다. 다양한 의견을 존중하고 모든 구성원에게서 배울 점이 있다는 마음을 가지세요.

12.3. 독서 모임 활용하기

잠재적 문제점과 해결법
- **일정 조율 어려움** → 정기적인 요일과 시간 고정,
  온라인 일정 조율 도구 활용
- **토론 깊이의 차이** → 초보자도 참여하기 쉬운 질문 준비,
  감상 중심의 자유로운 분위기 조성
- **책 선정 갈등** → 돌아가며 추천하는 시스템,
  투표를 통한 민주적 선정
- **무임승차 문제** → 독서 완료 인증 시스템,
  긍정적 분위기 속 자연스러운 동기 부여

발전적 활용 방안
독서 모임은 단순한 책 읽기를 넘어 다양하게 확장될 수 있습니다. 다양한 분야의 사람들과 네트워킹하고, 모임 운영을 통해 리더십과 커뮤니케이션 스킬을 개발할 수 있는 좋은 기회가 됩니다. 책을 통해 생각을 나누고 서로에게 배우며 함께 성장하는 특별한 공간이 되어줄 것입니다.

12장 꾸준히 읽는 습관 만들기 - 지속적인 성장을 위한 노력

12.4. 독서 동기 부여 방법 찾기

가끔은 책 읽기가 숙제처럼 느껴지거나, '오늘은 정말 책장이 안 넘어간다!' 싶은 날이 있죠? 그럴 땐 억지로 책상에 앉아 있기보다, 독서에 다시금 불을 지펴줄 특별한 동기를 찾아보는 건 어떨까요? '읽어야 한다'는 의무감보다는 '읽고 싶다'는 설렘을 찾아보세요.

12.4. 독서 동기 부여 방법 찾기

동기의 심리학적 이해

내재적 동기는 독서 자체에서 오는 즐거움과 만족감으로, 호기심과 개인적 성장에 대한 욕구에서 비롯됩니다. 지속성이 높고 스트레스가 적습니다. 외재적 동기는 외부의 보상이나 압력에 의한 것으로, 단기적으로는 효과적이지만 장기적으로는 한계가 있습니다. 효과적인 동기 부여를 위해서는 내재적 동기를 키우면서 외재적 동기를 적절히 활용하는 것이 중요합니다.

자기결정이론에 따르면, 인간의 내재적 동기는 세 가지 기본 욕구에 의해 촉진됩니다. 자율성은 스스로 읽고 싶은 책을 선택하는 것, 유능감은 이해하고 분석하며 통찰을 얻는 경험, 관계성은 저자나 다른 독자들과의 정서적 연결을 의미합니다.

개인별 동기 유형 파악하기

성취 지향형은 목표 달성과 성과에서 동기를 얻으므로 구체적인 독서 목표를 설정하고 독서 기록으로 성과를 시각화합니다. 관계 지향형은 사람들과의 소통과 공감에서 동기를 얻으므로 독서 모임 참여나 책 추천 및 감상 공유가 효과적입니다. 지식 추구형은 새로운 정보와 깊이 있는 이해에서 동기를 얻어 관심 분야의 심화 도서를 선호합니다. 탐험 지향형은 새로운 경험과 다양성에서 동기를 얻으므로 매번 다른 장르에 도전합니다.

12장 꾸준히 읽는 습관 만들기 - 지속적인 성장을 위한 노력

구체적인 동기 부여 전략

개인적 의미를 부여하려면 왜 이 책을 읽고 싶은지, 무엇을 얻고 싶은지 명확히 해야 합니다. 환경적 동기 부여를 위해서는 읽고 싶은 책들을 눈에 잘 보이는 곳에 배치하고, 아름다운 독서 공간을 조성합니다. 영화나 드라마의 원작 소설을 읽거나, 팟캐스트나 오디오북으로 독서 경험을 확장하는 것도 효과적입니다.

동기 저하 요인과 대응책

- **완벽주의적 사고** 처음부터 끝까지 완벽하게 읽어야 한다는 부담감 → 발췌독이나 속독도 유효한 독서법임을 인정하고, 100% 이해하지 못해도 괜찮다는 마음가짐 갖기
- **비교 의식** 다른 사람과 비교하며 위축감 → 개인의 독서 여정은 고유하다는 인식, 양보다는 질에 집중
- **시간 압박감** 충분한 독서 시간 부족 → 짧은 시간의 독서도 가치 있음을 인정, 오디오북 등 다양한 형태 활용
- **선택의 어려움** 무엇을 읽을지 결정하기 어려움 → 신뢰할 만한 추천 시스템 구축, "틀린 선택은 없다"는 관점

12.5. 슬럼프 극복하기

아무리 좋아하는 음식이라도 매일 먹으면 질릴 때가 있죠? 독서도 때로는 그런 '슬럼프'를 만날 때가 있습니다. 이럴 땐 억지로 책을 붙잡고 있을 필요는 없습니다. 가장 중요한 건 부담감에서 벗어나, 다시 즐거움을 느낄 수 있도록 스스로에게 여유를 주는 것입니다.

12장 꾸준히 읽는 습관 만들기 - 지속적인 성장을 위한 노력

독서 슬럼프의 특징과 원인

독서 슬럼프는 집중력 저하, 흥미 감소, 부담감 증가 등 다양한 모습으로 나타납니다. 같은 문장을 여러 번 읽어도 의미가 들어오지 않고, 평소 좋아하던 장르도 지루하게 느껴지며, 독서가 의무나 숙제처럼 느껴지죠.

이런 슬럼프는 신체적 피로나 스트레스, 완벽주의적 성향으로 인한 압박감, 생활 패턴의 변화, 스마트폰 등 즉석 자극에 익숙해진 현대인의 특성 등 다양한 원인으로 발생합니다.

슬럼프 극복의 단계별 접근

먼저 현상을 인정하고 수용하는 것이 중요합니다. 독서 슬럼프는 많은 독서가들이 겪는 자연스러운 현상이며, 일시적인 상태로 받아들여야 합니다. 자기 비난은 오히려 슬럼프를 깊게 만들 수 있으니 필요한 휴식을 취하는 것도 중요합니다.

다음으로 원인을 파악해보세요. 최근 수면 패턴이나 업무량의 변화, 독서에 대한 부담감 수준, 스마트폰 사용 시간의 증가 등을 점검하면 맞춤형 해결책을 찾을 수 있습니다.

점진적 재시작이 핵심입니다. 하루 5분, 1-2페이지부터 시작하거나 가볍고 쉬운 책을 선택하세요. 오디오북이나 만화 같은 다른 형태의 독서를 시도하거나, 평소와 다른 장소에서 책을 읽는 것도 도움이 됩니다.

12.5. 슬럼프 극복하기

슬럼프별 맞춤 처방전
- **집중력 부족형** 독서 전 명상이나 깊은 호흡,
  포모도로 기법(25분 집중 + 5분 휴식) 활용
- **흥미 상실형** 평소와 완전히 다른 장르 도전,
  그림이 많은 책이나 영화 원작 소설 시도
- **압박감 과다형** 모든 독서 목표 일시 중단,
  "완독해야 한다"는 생각에서 벗어나기
- **비교 의식형** 독서 SNS 일시 차단,
  과거의 자신과만 비교하는 관점 전환

예방적 관리와 슬럼프 후 관리

다양한 장르를 섞어 읽고, 어려운 책과 쉬운 책을 적절히 조절하며, 너무 빡빡한 계획보다는 여유 있는 계획을 세우세요. 독서하지 않는 날이 있어도 괜찮다는 마음가짐이 중요합니다.

슬럼프에서 벗어났다고 해서 급하게 예전 수준으로 돌아가려 하지 마세요. 천천히 독서량과 난이도를 늘려가며 작은 성공 경험들을 쌓아가세요. 만약 3개월 이상 슬럼프가 지속되거나 일상생활에 심각한 영향을 미친다면 전문가의 도움을 받는 것도 고려해보십시오.

12장 꾸준히 읽는 습관 만들기 - 지속적인 성장을 위한 노력

마무리

독서 습관 만들기는 마라톤과 같습니다. 빠르게 달리는 것보다 꾸준히, 자신의 페이스로 계속 나아가는 것이 중요합니다. 때로는 넘어질 수도 있지만, 포기하지 않고 다시 일어서는 것이 진정한 독서가 되는 길입니다.

여러분의 독서 여정이 단순히 책을 많이 읽는 것에서 끝나지 않고, 더 풍요롭고 의미 있는 삶으로 이어지기를 바랍니다. 오늘도 새로운 책 한 권을 펼치며, 앞으로 나아가기를 바랍니다.

마무리

맺음말
책과 함께 떠나는 성장의 여정

이 책의 마지막 장에 이르신 여러분께 진심으로 감사와 격려의 말씀을 전합니다.

이 책이 독서라는 깊고 넓은 세계로 나아가는 여정에 작은 등불이 되어, 이전보다 독서가 한층 더 의미 있고 가깝게 느껴지시기를 간절히 바랍니다. 독서는 단순히 지식을 습득하는 차원을 넘어, 우리 삶을 풍요롭게 하고 끊임없는 성장의 밑거름이 되는 소중한 활동입니다. 책 한 권 한 권이 품고 있는 지혜는 시공간을 초월하여 우리에게 전해지며, 그 속에서 우리는 더 넓은 세상과 만나고 더 깊은 자아를 발견하게 됩니다.

책에서 다룬 다양한 독서 기술과 방법들은 결국 '즐거운 독서'와 이를 통한 '지속적인 성장'을 돕는 도구일 뿐입니다. 기술 자체에 얽매이기보다는, 이를 활용하여 책이 주는 지혜와 감동, 그리고 세상을 바라보는 새로운 시각을 발견하는 기쁨을 마음껏 누리시길 바랍니다. 독서는 정답이 정해진 활동이 아닙니다. 여러분만의 속도로, 여러분만의 방식으로 책과 대화하며 그 안에서 의미를 찾아가는 것이야말로 진정한 독서의 즐거움입니다.

특히 무한한 가능성을 지닌 청소년기에 만나는 좋은 책들은 여러분의 앞날을 밝히고, 때로는 인생의 중요한 나침반이 되어줄 것입니다. 한 권의 책이 인생을 바꾸는 계기가 되기도 하고, 어려운 시기에 위로와 용기를 주는 친구가 되기도 합니다. 하루 10분의 독서라도 좋습니다. 그 작지만 꾸준한 시간들이 쌓여 여러분의 내면을 더욱 단단하게 만들고, 생각의 깊이를 더해줄 것입니다. 매일의 작은 독서 습관이 결국 여러분을 더 나은 사람으로 성장시킬 것이라 확신합니다.

이제 이 책을 덮고, 설레는 마음으로 여러분만의 새로운 독서 여정을 시작하시기 바랍니다. 어떤 책이 여러분을 기다리고 있을지, 그 책을 통해 어떤 깨달음과 성장을 경험하게 될지 기대하며 다음 책을 펼쳐보십시오. 독서의 세계는 무궁무진하며, 그 안에서 여러분은 끊임없이 새로운 자신을 발견하게 될 것입니다.

이 책이 여러분의 의미 있고 즐거운 독서 생활에 긍정적인 동반자가 되었기를 진심으로 바라며, 책과 함께 더욱 성장하는 여러분의 빛나는 미래를 응원합니다. 독서를 통해 더 넓은 세상과 만나고, 더 깊은 사유를 경험하며, 더 따뜻한 마음을 품게 되시길 기원합니다.

책을
씹어먹는
기술